인연수첩

현대수필가100인선 Ⅱ·73

인연수첩

노혜숙 수필선

수필과비평사 · 좋은수필사

■책머리에

  수필은 누구나 부담 없이 읽고, 마음만 먹으면 직접 쓸 수도 있는 가장 친근한 문학이다. 다른 영역의 문학이 영상매체에 밀려 신음하고 있는 중에도 수필 인구만은 날로 증가하여 바야흐로 수필 전성시대를 구가하고 있는 이유도 거기에 있을 것이다.

  시대적 추세에 힘입어 수많은 수필전문지, 수필동인지가 창간되고, 이에 비례하여 신진 수필가도 날로 늘어나다 보니 이제는 그 많은 작가, 그 많은 작품 중에서 문학성 높은 작품을 가려 읽는 일이 쉽지 않게 되었다. 이런 현상은 작가에게나 독자에게나 결코 바람직한 일이 아니다. 더 나아가서는 수필을 연구하는 후세들에게도 큰 부담이 될 것이다.

  이런 문제를 해결하는 데는 출판인도 마땅히 한몫을 감당해야 한다는 평소의 소신에 따라, 본사가 기꺼이 그 역할을 맡기로 했다. 그 첫 번째 사업으로 시대를 대표할 만한 수필가 100인을 선정하고, 작가가 자선한 40편 내외의 작품을 수록한 문고본을 발간하여 이를 널리 보급함으로써 그 소임을 다하고자 한다.

  본사는 사명감을 가지고 이 사업을 추진해 나가기로 했다. 작가 선정을 전담할 편집위원회를 구성하고 전권을 위임하여 일체의 사적인 정실이나 청탁을 배제함으로써 전문성과 공정성을 확보해 나갈 것이다.

  따라서 이 기획물 속에는 작가의 문학정신뿐만 아니라, 본사의 문학사적 기여 의지와 편집위원 제위의 수필문학에 대한 애정과 문인으로서의 양심이 함께 담겨 있음을 자부한다. 다만, 작가를 선정하는 기준에는 많은 견해의 차이가 있을 수 있고, 선정 과정에서도 미처 챙기지 못한 부분이 있을 것이라는 사실만은 인정하지 않을 수 없다. 이 점에 대해서는 관계자 여러분의 양해 있으시기 바란다.

이 시리즈의 발간 순서는 작가, 또는 본사의 사정에 의한 것일 뿐 그 밖의 어떤 기준도 적용하지 않았음을 밝힌다.

본 기획물이 시대를 초월한 많은 수필 애호가들의 관심과 애정 속에 우리나라 수필문학 발전에 한 이정표가 되기를 바랄 뿐이다.

본사에서는 이상과 같은 취지로 ≪현대수필가 100인선≫ 전 100권을 완간하여 큰 반향을 불러일으킨 바 있다.

그러나 우리 수필문단의 규모나 수필문학의 수준에 비추어 선정 작가를 100인으로 한정하는 것은 형평성이나 효율성 면에서 크게 부족하다는 의견이 많았고, 본사 또한 이를 통감하던 터라 기꺼이 ≪현대수필가 100인선Ⅱ≫를 발간하기로 했다.

본사의 충정에 찬동하여 출판에 응해주신 저자 여러분에게 진심으로 감사한다.

2014년 9월 일

수필과비평사 · 좋은수필사 발행인 서 정 환
현대수필가 100인선 간행 편집위원 박 재 식 최 병 호
정 진 권 강 호 형
오 세 윤

| 차례 | 현대수필가100인선 Ⅱ · 73

1_부

폭설 • 12
y • 16
인연수첩 • 20
달팽이 뒷간 • 25
숨어 울기 좋은 방 • 30
생생, 기척을 내다 • 34
그림자 • 39
풋울음 잡기 • 44
편도 티켓 • 48
3D로 나를 재구성하다 • 51

2_부

비밀번호 • 56
소나기 • 60
마음을 편집하다 • 65
바람의 변주곡 • 69
벌레 • 74
네모에 갇히다 • 78
푸른 눈의 승냥이 • 83
과녁 • 87
시선 • 91
수탉에 관한 연구 • 96

3_부

미완의 사랑법 • 102
잃어버린 동굴을 찾아서 • 106
탁구공의 관전기 • 110
완장 • 115
가위 • 119
벼랑 끝에 피는 꽃 • 123
떠나지 못하는 사람들 • 128
침묵에 대하여 • 132
청소역 • 136
밥 • 140

4_부

그늘의 독법 • 146
말을 알아듣는 꽃 • 155
도 긴 개 긴 • 161
의자왕 가라사대 • 167
햇볕 한 줌 • 171
거미 • 175
혼밥족 • 179
오래된 풍경 • 183
밀당의 미학 • 188
어루만지다 • 192

◼ 작가연보 • 196

1부

폭설
y
인연수첩
달팽이 뒷간
숨어 울기 좋은 방
생생, 기척을 내다
그림자
풋울음 잡기
편도 티켓
3D로 나를 재구성하다

폭설

주점 밖에는 폭설이 쏟아지고 있었다. 어떤 이는 '한계령을 위한 연가'를 읊조리고 어떤 이는 돌아갈 길을 걱정했다. 한 줌 회한과 그리움을 술잔에 섞어 마시는 밤, 사람들은 문득 말을 멈추고 하염없는 눈발에 시선을 던졌다.

우리는 자정이 넘도록 술잔을 기울이며 중년의 때 묻은 사랑에 대해 이야기했다. 문학이라는 이름으로 삼삼오오 모인 자리였다. 무소의 뿔처럼 앞만 보고 달려 온 생이었다. 다시 돌아간대도 다른 길을 선택할 수 있을지 장담할 수 없었다. 그럼에도 수시로 목덜미를 잡아당기는 게 있었다. 한 번도 제대로 사랑해보지 않았다는 후회였다. 문득 닥친 인생의 노을 앞에서 사람들은 좀 더 솔직하고 뻔뻔해졌다.

구속과 질서라는 양면의 날을 가진 도덕의 경계를 이야기할 때는 정답을 찾지 못한 이의 머뭇거림과 아쉬움이 묻어났다. 대화는 사뭇 뻐딱하고 질펀했으나 현재진행형일 수 없는 로맨스에 대한 쓸쓸한 푸념일 뿐이었다. 꺼져가는 불씨를 다독이는 나이에 아직도 사랑이 가능하다고 믿고 싶은 건지 몰랐다. 그러나 누구도 현실이라는 경계를 넘어 사랑할 수는 없었다. 애초 19세기 법전으로 21세기 욕망을 해독하는 건 불합리한 일일 터였다. 그럼에도 규범에 길들여진 사람들을 더 옭죄는 건 정답보다 사회적 시선, 집단의 평가였다. 중년 남자들은 월경越境의 대가를 감당하기엔 너무 주눅들어버린 노새가 되어 있었다.

"사랑이 무어냐고 물으신다면 눈물의 씨앗이라고 말하겠어요."

피눈물을 흘린대도 눈물의 씨앗이 마르는 일은 결단코 없을 터였다. 그 씨앗으로 인해 인생은 알록달록한 눈물의 역사를 만들어오지 않았던가. 성애적 사랑은 본질적으로 쾌락을 근간으로 하는 무질서한 충동이다. 불나방의 전적 헌신을 요구하면서도 책임은 지지 않는 무모한 감정. 알량한 경계쯤으로 다스릴 수 있는 호락호락한 대상이 아닌 것이다. 나는 여러 번 한계령 넘기를 꿈꾸었다. 삼류드라마처럼 뻔한 결말일 줄 알면서도 끈덕지게 나를 들까부는 이 뻔뻔한 욕망은 대체 무엇인가.

사람들이 굽이굽이 노래를 꺾어 넘길 때 나는 주책없이 콧등이 시큰거렸다. 덧없이 흘러가버린 청춘에 대한 애도인 양 노래는 절절하고 비장했다. 리듬에 맞춰 뻣뻣한 몸을 엇박자로 흔들면서도 나는 쉽게 달아오르지 못하고 있었다. 명료한 자의식 속에서 그들의 성근 머리칼이, 나의 무너진 춤사위가 가풀막에 홀로 선 나무의 흔들림처럼 외로워보였기 때문이었다. "술 마시고 노래하고 춤을 춰 봐도 가슴엔 하나 가득 슬픔뿐이네~ 자 떠나자 고래 잡으러~" 어쩌면 흔들림은 바람 많은 세상을 유연하게 건너는 한 방법일지 모른다는 생각이 들었다. 아직도 고래 사냥의 꿈을 접지 않은 시든 청춘들을 위해 나는 한껏 탬버린을 흔들어 주었다.

　일행은 새벽이 오도록 하얗게 눈을 맞으며 걸었다. 주점과 노래방에서도 다 풀어내지 못한 속내들이 허기처럼 남아 있었다. 코끝은 시리고 손은 곱았으나 가슴의 뜨거운 불길은 좀체 가라앉지 않았다. 일탈의 해방감이 폭설마저 낭만적으로 해석할 여유를 가져다 준 것일까. 일행은 사소한 농담, 의미 없는 몸짓에도 키득거리며 웃었고 푹푹 빠지는 눈밭에서 다정한 연인들처럼 사진도 찍었다. 그 순간만큼은 어제의 회한 내일의 근심일랑 모두 잊어도 좋았다. 유예된 일상 책임으로부터의 자유란 얼마나 달콤한 것인가.

　누군가 내 손을 잡았다. 얼음처럼 찬 손을 꼭 쥐었다. 그는 잡은 손을 자기 주머니에 넣었다. 주머니 안은 따뜻했다. 내 손은 온순했고 그 손의 온기로 풀려가고 있었다. 그저 그렇고 그런 말들이 오갔다. 말의 내용은 중요하지 않았다. 그것이 낭만인지 연민인지 분석할 필요도 없었다. 아무 사이도 아닌 두 사람이 그렇게 손을 잡고 편안하게 눈길을 걷는다는 것, '그냥 있어볼 길밖에 없는 내 곁에 말없이 그냥 있어주는 일', 어느 시인의 말처럼 그건 고마운 일이었다.

나는 아늑하고 편안했다. 태풍 같은 열정이 아니면 어떤가. 한 줌 온기로 족했다. 굳이 사랑이라 이름 붙이지 않아도 괜찮았다. 이대로 끝이어도 상관없었다. 한순간 축제였고 한순간 폭설 속의 무구를 누렸으면 그것으로 되었다. 여전히, 가끔씩 한계령 연가를 읊조리겠지만 그 또한 아득한 추억 너머로 사라질 일임을 기억할 것이다. 지금, 사라질 시간들 그 찰나 속에 온몸으로 존재할 수 있었다면 그것으로 족하지 않은가.

16센티 이상의 폭설이 내린 그 새벽의 전주는 우리들의 한계령이었다.

y

 그는 늘 거기 있었으나 없는 존재와 같았다. 꽃 피는 봄이거나 단풍 드는 가을, 잠시 몽환의 색으로 존재하다 스러지곤 했다. 나의 무심함만큼이나 그 또한 무심하게 자기 시간에 침잠해 있는 존재였다. 무심이 본질인 양 그렇게 정물처럼 뜨락에 서 있었다.
 봄이 먼빛으로 아른거릴 즈음이었다. 바람 끝은 차가웠고 벚나무는 여느 때처럼 가볍게 제 몸을 흔들어 허공을 비질하고 있었다. 그때 문득 숨은 그림처럼 y자 형의 잔가지들이 눈에 들어왔다. 찬찬히 그의 몸을 더듬어 내려가던 나는 아예 그가 y자 형의 골격을 기본으로 갖추고 있다는 사실을 알아냈다. y 형태는 저 암흑의 세상에서 빛을 향해 분열하고 발돋움하던 떡잎 시절부터 그의 숙명이 아니었을까. y 형태야말로 잎과 꽃, 가지를 아우를 수 있는 최대효율의 공간분할이라는 생각이 들었다.

어린 시절 우리 집 마당엔 참죽나무 두 그루가 있었다. 그때는 아버지가 왜 꽃도 열매도 볼품없는 참죽나무를 심었는지 이해하지 못했다. 그 나무가 장자의 '소요유'에 8천 세를 봄가을로 살았던 나무로 나온다는 사실은 더더욱 알 수 없던 때였다. 가끔 참죽나무를 타고 놀았다. 줄기와 가지 사이의 y자로 된 부분을 발로 딛고 오르면 휘청대는 꼭대기까지 오를 수 있었다. 그때 고개를 꺾고 바라본 하늘은 현기증이 날 만큼 푸르렀다. 아버지는 8천 세의 장수커녕 팔순의 초입도 넘지 못하고 돌아가셨다.

오래도록 나무는 내게 그냥 나무일뿐이었다. 그것은 실제 나무가 아니라 개념 속의 나무일 터였다. 나무를 있는 그대로 보게 된 건 순전히 거추장스러운 치레를 모두 떨궈낸 뒤였다. 빈 가지와 가지 사이 푸른 여백 속에서 y의 고공행진을 보았다. 자유분방해 보이지만 방향성에 대한 일정한 규칙을 가지고 있었다. 그날그날의 온기와 냉기를 정확히 읽고 성장을 조절하는 영악함도 있었다. 양분의 분배는 정확했고 절지의 결단은 단호했다. 꽃의 색과 향기, 개체수도 최선의 비율로 조절했다. 생태에 맞춰 원추형이나 방사형의 형태로 자기를 단장하는 일도 잊지 않았다. 동토의 어둠 속에서도 나무는 들끓었던 한여름의 결기를 다독이며 부단히 비상을 준비했다.

 우수가 지나면서 y자 형 가지마다 향우香雨를 기다리는 꽃눈이 팽팽하게 부풀기 시작했다. 가지의 한 마디는 한해 인고의 흔적일 터였다. 지난겨울의 변덕스러운 날씨를 끄떡없이 이겨내고 또 한 번의 꽃 피는 봄을 기다리고 있었다. 나또한 조바심치며 y자 형 가지 끝에서 피어날 향운香雲의 봄을 기다렸다. 이번 기다림은 단순한 환이 아니라 대지에 뿌리를 박고 호흡마다 생존 전쟁을 치러낸 저 벚나무의 실존적 삶에 대한 경이감일 것이었다.

 엉뚱하게도 나무의 y가 내 안의 여성성을 환기시켰다. 생애 푸른 시절 y(남성성)는 나의 환幻이었다. 아니, 욕망이 살아 있는 한 그는 영원히 나의 환일 터였다. 내 몸에서 붉은 꽃이 지고 메마른 사막의 영역이 확장되어 가는 동안에도 나의 감각은 끝내 그 환을 놓지 못했다. 이따금 겨드랑이가 가려웠다. 제대로 펼쳐보지 못한 날개가 꿈틀거리며 원시의 충동으로 나를 채근했다. 아스라이 흘러간 봄을 안타까운 몸짓으로 불러내는 내 안의 x(여성성), 문득 거침없는 나무들의 y 행진을 보면서 숨이 가빴다.

 산다는 건 사랑하는 일이라고 세상의 y들은 말했다. 사랑하지 않고서는 꽃 필 수 없다고 x들 또한 말했다. 허공에 길을 내는 저 무모한 도전의 원동력은 사랑이라고 y와 x가 한목소리로 맞장구를 쳤다. 유념해야 할 법칙이 있다면 조화의 묘 안에서 움직여야 한다는 것. 무기물을 유기물로 비벼내는 광합성의 신비, 그 조화의 틀을 벗어나서는 안 된다는 것이었다. 나무처럼 무한 허공으로 자기를 확장해 가면서도 결코 존재의 뿌리를 잊지 않고 제 크기와 방향, 분수를 조절해가는 절제의 미덕을 잊어서는 안 된다는 것이었다.

한결 온화해진 햇살이 뜨락의 나무를 어루만졌다. 가없는 춘정에 수피의 결이 말랑해지고 있었다. 얼었던 몸 풀어 골골이 단물 흘려보내는지 나무의 몸피가 푸르렀다. 왕성한 피돌기에 꽃눈이 탱글탱글 벙글어 화답했다. 바람은 수다스럽게 가지들을 흔들고 짝을 부르는 새들의 목청은 활기에 넘쳤다.

나는 메마른 사막, 푸른 허공에 y나무 한 그루 심는 꿈을 꾸었다. 시간의 뒤축을 좇는 내 허망한 꿈을 웃듯 y나무가 기우뚱 도리질을 했다. 바야흐로 $y \& x$의 계절, 꽃 피는 봄이 내 앞에 있다.

인연수첩

食의 연

 밥의 힘은 위대하다. 연緣의 시종始終을 주관하기도 하고 종일 주저앉았던 마음을 일으켜 세우기도 한다. 어떤 위로가 밥의 진솔함을 앞설 수 있겠는가. "밥을 잘 먹어야 산다." 노모가 내게 주문처럼 외는 말이다. 사람의 안팎을 아울러 지탱하는 것이 밥이라는 걸 아신 게다. 살㐴→살生→쌀. 먹어서 '살㐴'이 되고, 그 살 때문에 사람이 살生고, 그래서 '살'이 '쌀'이 되었다는 쌀의 어원은 의미심장하다. 밥은 몸의 한가운데를 관통하며 흘러 들어간다. 밥에는 말의 매끄러운 위장이 없다. 단순하고 우직하게 주인을 돌보고 생색을 내지 않는다. 밥의 힘을 빌지 않은 정신은 빈껍데기다. 사실 생의 대부분이 밥을 위한 노동에서 자유롭지 못하고, 그

노동의 절반이 굴욕과 상처 속에 이루어진다. 밥벌이의 수단을 통해 사람의 가치가 매겨지고 혹은, 지배와 피지배의 명암이 엇갈린다. 밥을 먹는다는 것은 단순히 생물학적 필요조건이 아니라, 생존의 쟁투에서 살아남기 위한 절박한 행위인 것이다. 밥은 불가항력의 권력으로 삶의 중심에 있다. 말랑하고 따뜻한 밥알의 본질은 이렇듯 엄혹하다. 그 엄혹한 '밥심'으로 정신의 뼈대가 선다. 건강한 '밥심'을 업신여기고 오래 버틴 사람을 보지 못 하였다. 한 그릇 '밥심'으로 어지럽던 정신을 되찾은 저녁, '밥심'이 '밥모심'이 되어야 하는 까닭을 새삼 깨우친다.

文의 연

노모가 근심을 한다. "골 빠진다. 글 쓰지 마라. 밥이 되는 일도 아닌데." 노모에겐 밥이 되지 않는 일은 헛것이다. 밥을 절대의 가치로 알고 살아오신 노모에게 써먹지 못 하는 것의 효용성을 납득시킬 방법이 내겐 없다. 눈물 젖은 밥을 먹어본 적은 없으나 조촐함에도 구차와 비천의 대가는 있음을 안다. 하여, 밥이 생존을 책임지듯이 문학은 존재를 충만하게 한다는 사실을 말할 수 있을 뿐이다. 그 답이 밥만큼 구체적이지 않다는 것을 안다. 또 그 답을 글로 증명해보일 만큼 나의 재능이 탁월한 것도 아니다. 남다른 소명의식이 있는 것도 아니어서 어쩌면 평생 제 안의 푸닥

거리로 끝날지 모를 일이다. 들에 저 홀로 피고 지는 꽃처럼 혼자놀이에 지나지 않을지라도 굳이 안타까울 이유는 없다. 거창한 이름은 차라리 올무다. 지금의 소박한 자유와 혼미한 어둠을 거슬러 나다움과 사람다움의 합수를 찾아가는 여정을 나는 사랑한다. 그 외로운 여정 속에 문학의 연緣은 내게 세상을 향한 소통의 창이다. 그것은 구원을 보장하지 않지만 삶의 진창을 견디고 위무하고 연민으로 하나 되게 한다. 밥이 존재의 외면을 향해 뻗어가는 힘이라면 문학은 존재의 내면을 향한 끊임없는 성찰의 힘이다. 밥과 문학이 수직의 관계가 아니라 수평의 관계가 될 때 세상은 훨씬 살만해질 거라고 믿는다면 너무 낭만적인가.

物의 연

불을 끈다. 달빛이 비쳐든다. 습도 없이 맑은 음력 열나흘 밤의 달빛은 차분하다. 어둠의 완고함을 물리치고 검정과 하양이 적당히 뒤섞여진 편안함이 있다. 비로소 달빛에 깃들어 안식하는 방 안 사물들의 모습이 눈에 들어온다. 빛의 농도에 따른 그것들의 이미지는 사뭇 다르게 느껴진다. 형광등 불빛 아래 개별적으로 도드라지던 물건들은 날카로운 모서리를 지우고 다소곳이 풍경처럼 어우러져 있다. 마치 사물 이상의 의미를 지니고 또 다른 세상을 형성하며 거기 굳건하게 존재했었던 것처럼. 주인의 무관심 속에 그들은 철저히 소외되어 있었다. 내게 소용되는 사물 그 이상도 이하도 아니었다. 그러나 그것들이 내 의식 안으로 들어온 순간, 내 삶을 형성하고 지배하는 사물들의 구체적인 의미와 연緣에 대한 자각은 눈물겨웠다. 궁색한 주인의 배경이 되어 묵묵히 닳아지고 있는 물건들. 그것들은 사물이 아니라 내 일신의 소중한 일부였다. 가까이 멀리, 눈멀고 귀먹어 보지 못하고 듣지 못하는 것들은 또 얼마나 많았을까. 의식의 빗장이 열린 느낌이다. 아이러니하게도 불을 끈 어둠 속에서.

默의 연

늦가을 산사는 적막하다. 그 적막 속에 깊어지는 것들이 있다. 학승의 눈빛, 모과의 향, 산수유의 붉은 빛. 담쟁이로 둘러싸인 돌담을 따라 극락전이 있는 연못가에 이른다. 수초 사이를 헤엄치던 물고기들의 움직임이 부산해진다. 한바탕 흙탕물이 일더니 녀석들의 종적이 묘연하다. 도랑 물소리가 새의 지저귐처럼 수다스럽다. 산에서 내려오는 물을 반달홈통으로 연결해 연못에 대고 있다. 한 노승이 그 옆에 쭈그리고 앉아 떨어지는 물을 내려다보고 있다. 기척을 내어도 미동이 없다. 빛바랜 장삼 위로 붉은 감나무 잎 하나 내려앉는다. 조심스레 그 쪽으로 발걸음을 옮긴다. 옆에 같이 쭈그려 앉아 그가 하는 대로 따라 해볼까. 그래도 실없다 눈치를 주지 않을 것 같다. 나는 더 이상 다가가지 못하고 애먼 담쟁이를 향해 카메라 렌즈를 들이댄다. 그제야 노승이 고개를 들어 나를 본다. 평담한 눈빛에 늙은 감나무처럼 자연스러운 얼굴. 누가 먼저랄 것 없이 고개를 숙여 인사를 한다. 서로 시선을 비키지 않은 채 침묵이 흐른다. 노승의 눈빛에 온기가 스친다. 마침내 자리에서 일어나 극락전을 향해 걸어간다. 휘이휘이 바람처럼 가벼운 몸짓이다. 단번에 사람이 그냥 사람으로 보일 때가 있다. 그 사람의 전체가 있는 그대로 풍경처럼 내 안에 스민다. 원형질적인 순수의 상호작용, 시공과 성별과 언어를 초월한 감성의 합일. 그 연緣의 흔적은 투명하지만 강렬하다. 노승은 자취 없이 사라지고, 처마 끝 풍경만 혼자 흥겹다.

연 = 빚債

산다는 건 어쩌면 세상 모든 연緣에 빚을 지는 일인지 모른다. 그렇다면 잘 산다는 건 그 빚을 갚아가는 일쯤 될까. 인연수첩 속에 남겨진 다양한 흔적들을 추적하다 문득, 궁금해진다. 지금 나는 누구의 연이 되어 그려지고 있을까?

달팽이 뒷간

 '달팽이 뒷간'에 마음을 빼앗겼다. 지붕 대신 한 평 하늘을 들였고, 문 대신 서원 뜰 한 자락을 들였다. 이끼 낀 진흙 돌담은 달팽이처럼 안으로 휘었고, 풍화의 흔적이 스민 잿빛 이엉은 서원 지붕과 어우러져 한 풍경을 이루었다. 그 옛날 머슴들의 배설과 애환이 질펀하게 부려지던 '통시'의 공간. 뒷간 옆엔 배롱나무 꽃이 천연스럽게 붉었다.

 10리 길을 걸어 들어가야 진면목을 알게 된다던가. 팔월의 병산서원屛山書院은 몽환적이었다. 태양보다 더 붉은 꽃들이 서원 안팎에 흐드러져 피었다. 풍경 속에 건물이 있고 건물 속에 풍경이 들어와 한통속이 된 듯 조화로운 전경이었다. 입교당立教堂에 올라 바라보는 만대루 풍광은 서원의 백미였다. 시선을 들어 낙동강을 사이에 두고 우뚝 선 병산

屛山을 한차례 더듬다, 만대루晚對樓 기둥 사이로 유장하게 굽이쳐 흐르는 물살을 보노라면 왜 병산서원을 으뜸으로 치는지 알 만했다. 게다가 누각 사이로 아른대는 배롱나무 붉은 꽃빛에 시선이 머물면 그만 현기증이 일 지경이었다.

나는 하필 병산서원 밖 '달팽이 뒷간'에 꽂혀 주변을 기웃거렸다. 유생들이 드나들던 번듯한 기와 뒷간에 비하면 허접하기 이를 데 없었다. 400년 세월이 무색하게 뒷간은 멀쩡히 제 구실을 하고 있었다. 분뇨와 빗물이 섞여 흥건한 똥항아리엔 구더기가 오글거렸다. 그것들은 염천 가뭄에도 말라죽지 않고 비상을 위해 끊임없이 몸을 움직이고 있었다. 미물들에게도 결코 포기할 수 없는 욕망이란 게 있을 터였다. 똥파리든 날파리든 생애 한 번 기어이 날아 보겠다는 일념이야말로 생존의 동력 아니겠는가.

옛적 이 뒷간에 앉아 뒤를 보던 머슴들도 그랬을 것이다. 만대루에 앉아 낭랑한 목소리로 책을 읽는 유생들을 보면서, 끝내 오르지 못할 나무를 쳐다보는 아득함으로 불우한 똥을 싸기도 했을 테다. 드난살이 운명에 순응하면서도 순간순간 치밀어 오르는 원망과 한이 왜 없었을까. 배설되지 않는 욕망을 숨죽이느라 열린 하늘 우러러 뜨겁게 하소연도 했으리.

생존은 오욕보다 질긴 것, 그들은 '머슴뒷간'이 상징하는 비루한 삶에 주저앉아 있지만은 않았다. 서당 수발 몇 삼년의 들은풍월 때문만은 아니었으리라. 더럽다고 외면 받는 똥이 거름이 되고, 그 거름이 사람을 기르는 바탕이 되는 순환의 이치를 일찌감치 몸으로 깨달은 그들이 아니던가. 지금은 인분이 배제와 처리의 대상일 뿐이지만 옛날엔 돈 주고 사야 했던 최상급 거름이었다. 똥(糞:똥 분)에 관한 어원을 보면 '한자가 처음 만들어진 고대사회에서는 똥을 '손으로 치워야 하는 쓰레기'로 보았다. 훗날 "똥을 농사에 없어서는 안 될 매우 귀중한 비료로 인식하면서 〈똥 → 거름 → 쌀〉로 순환되는 이치에 맞게 글자가 변화해, 똥(糞)을 '쌀(米)의 또 다른(異) 형태'로 파악"하게 되었다고 한다. 거름더미처럼 비천한 처지나마 운명의 불우를 삶의 지혜로 역전시키는 '통시'의 긍정성! 물찌똥을 쌀망정 사람답게 사는 꿈까지 포기하지는 않겠다는 민초들의 결의 아니었을까.

배앓이가 잦았던 나는 뒷간을 자주 들랑거렸다. 맷부엉이 울어대는 칠흑 같은 밤, 뒷간에 갈라치면 머리끝이 쭈뼛섰다. 희미한 호롱불 아래 똥항아리에 놓인 부출 두 쪽에 발을 디디는 일은 쉽지 않았다. 대낮 뒷간에서 끊임없이 기어오르는 구더기를 보는 일은 더 역겨웠다. 어떤 녀석은 바깥으로 기어 나와 발밑에서 꿈틀거렸다. 녀석을 피하기 위해 나는 자꾸 다리를 움직여야 했다. 그럴 때마다 널빤지에서는 삐걱거리는 소리가 났고 절로 비명이 터져 나왔다. 어린 내게 뒷간은 피치 못해 가야 하는 괴로운 공간이었다. 아버지는 '한 사발 밥은 남에게 주어도 한 삼태기 재는 주지 않는 법'이라며 똥오줌은 반드시 뒷간에 가 누어야 한다고 일렀다.

어른이 되어서도 두엄 냄새에 적응하지 못하던 내게 아버지는 한 말씀 하셨다. '똥냄새가 구수해져야 인생의 참맛을 아는 법'이라고. 쉰이 넘어서야 아버지의 말뜻을 이해했다. 더러운 건 똥이 아니었다. 정말 더러운 건 형체도 냄새도 없는 욕심이었다. 잘 발효된 똥은 거름이 되지만 부풀수록 사나워지는 욕심은 해독제도 없는 독약이었다. 산전수전 겪어가며 인간사 냄새 나는 모순 속에서도 굳건히 제 삶의 뿌리를 내릴 수 있어야 제대로 똥의 가치를 안다고 할 수 있지 않겠는가.

개똥철학의 겉멋으로 산 세월이 길었다. 실존은 몸의 한가운데를 관통하며 성립되는 것임을 너무 늦게 알았다. 살면서 수도 없이 미끄러질 수밖에 없었던 것은 몸으로 체득하지 않은 허상 위에 실존을 세우려 했기 때문인지 모른다. 내 욕망에는 아직 발효되지 않은 날탕의 냄새가 물씬했다. 머슴 근성을 버리지 못했다는 반증일 터였다. '달팽이 뒷간'에 대한 내 알량한 연민도 결국 자신을 향한 것에 다름 아니었으리. 불행은 타인의 예속이 아니라 스스로 씌우는 욕심의 굴레에 있었다는 자각이 사무쳤다. 그래, 목표는 몸으로 뚫고 가는 내 삶의 정상이어야 한다. 비로소 수직의 가파름 대신 완만한 구릉의 편안함이 기꺼웠다.

굴하지 않는 삶의 투지, 끈덕짐으로 기어이 이루어내는 욕망의 발효, 구린내 나는 그것조차 인생의 거름으로 역전시켰던 민초들의 지혜와 '통시'의 해학을 '달팽이 뒷간'에서 배운다. 꽃뫼(花山) 자락 병산서원의 배롱나무 꽃그늘이 저 옛날 머슴의 염원인 양 뜨겁다.

숨어 울기 좋은 방

 내겐 혼자 '숨어 울기 좋은 방'이 있다. 세상에 오직 혼자라고 느낄 때 나는 그 방에 간다. 한 사흘 갇혀 그와 독대하다 보면 어지럽던 마음이 제 물길을 찾아 흘러간다.

 지난겨울이었다. 들길을 걷는데 어디선가 남자의 노랫소리가 들려왔다. 인적이 드문 허허 벌판이었다. 사방을 둘러보았지만 사람은 눈에 띄지 않았다. 노랫소리는 바람에 실려 끊어질 듯 이어질 듯 들려왔다. 길은 두 마을을 가로지르는 굴다리로 연결되고 있었다. 굴다리 가까이 다가가서야 그 안에 사람이 있다는 사실을 알아차렸다. 인기척이 나자 남자는 고개를 숙인 채 소리를 낮췄다.
 영하의 날씨에 남자는 외투도 걸치지 않은 허름한 양복

차림이었다. 벗어진 이마에 머리숱은 성글었고, 야윈 어깨는 굽어서 처져 있었다. 한눈에 보아도 초로에 든 남자라는 걸 알 수 있었다. 나는 느린 걸음으로 남자를 지나쳐 갔다. "오늘도 걷는다마는… 정처 없는 이 발길… 지나 온 자국마다… 눈물 고였네…." 반쯤 울음이 섞인 노래였다. 가던 길을 돌아서서 남자를 바라보았다. 그의 등 뒤로 붉은 노을이 번지고 있었다. 거친 바람이 빈 들판을 달려와 마른 억새를 한바탕 흔들고 지나갔다. 나는 사연도 모른 채 가슴이 시렸다.

차림새로 보건대 농사를 짓는 사람은 아닌 성싶었다. 그렇다고 어연번듯한 일자리가 있는 행색도 아니었다. 어쩌면 얼마 남지 않은 전답 몇 떼기 팔아 달라고 홀로 있는 노모를 찾아 온 길인지도 모를 일이었다. 차마 떨어지지 않는 발걸음을 서성이노라니 견딜 수 없는 회한에 복받쳤던 것 아닐까. 굴다리는 인가와 꽤 떨어져 있었다. 그 안에서는 온전히 자기 모습을 감출 수 있었다. 괴성을 지른들 알아들을 리 없는 외진 곳이었다. 그래, 혼자 울 공간이 필요했는지도 모른다. 나는 가능한 빨리 남자와 멀어지기 위해 걸음을 재촉했다.

왜 그렇게 혼자 아파야 했을까? 나는 정체도 모르는 남자의 울먹임 때문에 저녁내 마음이 편치 않았다. 지난번 모임에서 저마다 내가 더 외롭다고 강변하던 지인들의 젖은 음성도 메아리처럼 울려 왔다. 칠순의 노신사는 혼자 외로운 것보다 둘이 외로운 건 더 죽을 맛이라고 말했다. 오십 초반의 노처녀는 혼자 사는 외로움보다 더 큰 외로움이 있겠냐고 받아쳤다. 그러자 잘 나가는 화가 여교수가, 둘이 살다 혼자 된 외로움은 무엇보다 견디기 힘든 것이라고 못을 박았다. 외로움도 한 종류, 한 색깔이 아니었다. 사람에 따라 느끼는 질량도 제각각이었다. 남의 암보다 내 감기가 더 아프게 느껴지는 법이라던가. 서글프게도 그중 누구도 가족에게 자기 외로움을 토로하고 나누었다는 사람은 없었다. 저마다 외딴 섬이었다.

"외로워 외로워서 못살겠어요." 젊어서는 그 노랫말을 천박하게 여겼다. 그렇게까지 내색할 게 무어냐고 생각했다. 외로움에 연연하기에는 사는 일이 더 목을 죄던 시절이었다. 이따금 외로운 느낌이 스칠 때마다 질병 취급하듯 경계하고 감추었다. 원인을 찾아서 해결하면 된다고 단순하게 생각했다. 마음만 먹으면 충분히 이성으로 극복할 수 있다고 믿었다. 그러나 나는 천성적으로 외로움을 잘 타는 성격이어서 날마다 이성과 감성 간의 치열한 싸움을 해야 했다. 내가 진작 외로움이 인간의 보편적 감정이라는 사실을 깨달았다면 그토록 오래 무모한 싸움을 하지는 않았으리라.

책은 내게 '숨어 울기 좋은 방'이다. 오로지 책과 독대하면서 나를 다독이는 시간을 갖는다. 자신조차 타인이 되는 관계의 진공 속에서 깨닫는다. 저마다 반짝이지만 따로 떨어져 빛나는 별들처럼 인간은 그렇게 각자 존재하는 운명이라는 것을. 그러나 인人이라는 글자가 상징하듯 인간은 혼자 살 수 없기에 존재의 딜레마가 발생한다는 것을. 사용법에 따라 외로움은 삶의 밑거름이 될 수 있고, 또 그 심연의 깊이만큼 밀도가 촘촘해질 수 있다는 것을. 동시에 외로움을 가중시키는 사회적 요인들과 허망한 위로들을 경계해야 한다는 것을. 무엇보다 외로움에 질식해서 자기 안의 반짝이는 생명의 불빛을 꺼트려선 안 된다는 것을.

마침내 외로움으로 경화되었던 정신줄이 말랑해지면 나는 책과의 독대를 끝낸다. 그리고 '숨어 울기 좋은 방'에서 나와 다시 인간들 속으로 걸어간다. "인간에 대한 지독한 환멸과 그에 따른 외로움에도 불구하고 그들에 대한 의무를 다하는 것이 더 좋은 삶의 비결"이라고 믿었던 아우렐리우스처럼 그래도 사람 속에서 삶의 온기와 의미를 찾을 수 있기 때문이리라.

들길의 굴다리는 그 남자의 '숨어 울기 좋은 방'이었는지 모른다. 눈물 어린 그의 노래는 꺼져가는 자기 안의 불빛을 살리려는 안간힘이 아니었을까. 겨울 빈들에 억새 스치던 바람소리 귓가에 아련하다.

생생, 기척을 내다

기척 하나

 장흥長興으로 가는 길은 멀었다. 유치면有治面의 골짜기들은 그보다 더 멀고 깊었다. 지리산 줄기의 웅장하고 호쾌한 산세 속에 인간의 길들은 초라했다. 헐떡거리며 겨우 산으로 기어들고 있었다. 길을 에워싼 숲은 강성했다. 억세고 거친 푸름 속에서 내뿜는 숲의 냄새는 비리고 달았다. 어둑시근하고 서늘한 숲은 안쪽에 가파른 벼랑을 숨긴 채 적막했다. 가로 지름을 허락하지 않는 산길은 산세를 따라 요동치고 굽이치듯 흘러갔다. 안간힘을 다해 골짜기로 파고들던 길은 마침내 두 채의 인가 앞에서 꼬리를 감추었다. 박모의 심심산골에서 인간의 기척을 만나는 일은 눈물겨웠다. 나무에 묶인 개가 혼자 빈집을 지키고 있었다. 개는 순해 빠지게 우두커니 서서 꼬리만 흔들었다. 마당가의 백일홍은 저 홀로 농염하고 장마 통에 웃자란 풀은 꽃나무 밑을 치받쳐 오르고 있었다. 건너편 집 창문에서 흐린 불빛이 새어 나왔다. 거기 사람이 살고 있다는 사실만으로도 골짜가는 넉넉히 아늑했다. 문득 사람이 없는 풍경이란 얼마나 쓸쓸한 것인가 싶었다. 부대끼며 상처를 주고받으면서도 인간의 마을에서 떠나지 못하는 이유가 거기 있으리라. 사람과 사람 사이의 온기, 그것은 어쩌면 서로를 의지한 채 가파른 벼랑을 견디는 나무들의 생존의지 같은 것이 아닐는지. 나는 인가가 있는 마을로 내려와서야 비로소 평안했다.

기척 둘

장흥 재래시장에 토요 장이 섰다. 초대가수와 반라의 무희들이 노래와 춤으로 한껏 사람들의 흥을 돋우었다. 주민들의 노래자랑도 질펀하게 이어졌다. 삼십 대쯤으로 보이는 한 남자가 무대 아래서 춤을 추었다. 노래가 끝나도 춤을 멈추지 않았다. 열기로 달아오른 얼굴은 불콰했다. 무아지경을 헤매는 듯 초점이 없는 눈을 하고 있었다. 썩 잘 추는 춤은 아니었으나 못 추는 춤도 아니었다. 사람들은 두 푼쯤 모자라는 그를 장흥의 명물이라고 불렀다. 장이 서는 날 사람들은 여지없이 무대 아래서 그 남자를 볼 수 있었다. 벌어진 판인 데다 저 좋아 하는 짓이니 굳이 흉 될 일도 아니었다. 그의 춤은 나날이 발전해서 주변에선 꽤 알아주는 명물이 되었다. 장터 사람들은 따끈한 한 끼 밥과 술로 그를 대접했고, 남자도 그 이상 바라지 않는다고 했다. 춤을 추는 남자의 얼굴은 무구해 보였다. 한 판 춤에 한 끼 밥과 한 잔 술로 행복할 수 있는 사람. 다소 모자라 보이긴 했으나 행복지수는 결코 모자라 보이지 않았다. 사람들은 나를 멀쩡한 사람으로 구별할 것이다. 멀쩡하기 때문에 나는 더 행복했던가. 오히려 그 멀쩡함으로 타인을 판단하거나 나를 옭아매어 불행하게 하지는 않았던가. 나를 이롭게 하지 못하고 타인에게 덕이 되지도 못하는 멀쩡함이 두 푼 모자람보다 나은 게 무엇인가? 낯선 여행지에서는 내가 더 선명하게 들여다보였다.

기척 셋

용케 하루를 비껴 간 장맛비가 오늘은 드디어 손님맞이를 제대로 할 모양이었다. 새벽부터 텔레비전에서는 연신 장마 전선이 남하했다는 소식을 내보냈다. 금방이라도 비가 쏟아질 듯 하늘은 어두컴컴했고, 습기를 머금은 대기는 축축하고 후텁지근했다. 장흥의 가지산迦智山 보림사寶林寺로 가는 길은 한적했다. 한참 만에 타이탄 트럭과 낡은 승용차가 지나갔을 뿐이었다. 풀숲에선 찌르레기 소리가 요란했고, 도로 옆 불어난 개울물은 풀풀들을 쓰러뜨리며 소리 내어 흘렀다. 골짜기에서 피어오른 물안개는 능선을 타고 온 산으로 번져갔다. 빗방울이 떨어지기 시작했다. 바람이 거세게 불고 빗줄기는 이내 장대비가 되어 쏟아졌다. 물은 금세 도랑을 이루고 흘렀다. 운동화에 물이 스미고 바짓가랑이가 젖어들었지만 숙소로 돌아갈 생각은 하지 않았다. 젖은 신발 안에서 물이 찔꺽거렸다. 아예 신발을 벗어 들었다. 아스팔트의 단단한 질감과 함께 물의 차가운 기운이 발가락 사이로 스며들었다. 유쾌한 장력이었다. 직립보행의 생생한 실감이 온몸으로 전해졌다. 맨발의 가벼움이 온몸의 가벼움으로 연결되고 있었다. 발가락은 모처럼 원시의 활기를 되찾고 씩씩했다. 한 걸음씩 내디딜 때마다 일사불란하게 움직이는 관절들의 조화는 감격스러웠다. 맨발의 자유, 오랫동안 잃어버렸던 몸의 야생성에 나는 한껏 쾌락했다. 포개진 산맥 아랫자락 농무 속에 보림사는 고요했다. 빗속을 뚫고 들려오는 목탁소리. 그보다 명징한 사람의 기척이 어디 있으랴. 정신의 불모를 일깨우는 소리, 그것으로 충분했다. 나는 산문을 들어서지 않고 보림사를 그냥 지나쳤다.

生生

산다는 것은 기척을 내는 일이다. 그렇다면 여행은 기척을 확장하는 일이리라. 낯선 곳에서의 기척은 헐겁고 신선하다. 골짜기의 불빛이나 장터의 명물, 보림사의 목탁소리 모두 산 인간의 기척이 아니던가. 떠나는 일은 나의 기척 위에 너의 기척을 포개는 일이다. 그렇게 生生, 살아 있음을 확인하는 일이다.

그림자

 자동차의 헤드라이트가 거실 벽에 그림자를 만들고 지나간다. 길가의 벚나무가 베란다 유리창을 뚫고 벽에 부딪치면서 허리가 꺾인다. 잔가지들이 태풍에 휩쓸리듯 한쪽으로 누웠다가 서서히 일어난다. 밤의 어둠 속에 가려져 있던 사물들이 동시에 일어나 춤을 추듯 흔들리다 스러진다.
 햇볕 좋은 낮엔 거실 바닥에 그림자 벽화가 펼쳐진다. 사물들이 빛의 이동에 따라 제 그림자를 바꿔 가는 모습은 흥미롭다. 대체로 그것들은 실물과 닮아 있게 마련이지만 때론 실물보다 더 예술적으로 변형되기도 한다. 그림자에 저마다 이름을 붙여준다. 사물에 한정된 이름의 의미망을 벗어버리면 이상한 나라의 엘리스처럼 흥미진진한 상상의 세계를 즐길 수 있다.

그림자 하면 아련하게 떠오르는 기억 속의 삽화가 있다. 들길 한가운데 서 있던 가로등의 그림자다. 석포리로 가는 길은 인적이 드물다. 인가도 몇 안 되는 데다 해질 무렵이면 발길이 뚝 끊긴다. 국도에서 석포리로 연결된 농로를 오십 미터쯤 걸어가면 길이 급하게 왼쪽으로 꺾인다. 가로등은 바로 길이 꺾이는 그 지점에 있다.

나는 도시로 이사 오기 전 가로등이 대각선으로 내려다보이는 아파트에 살았다. 가로등은 밤낮으로 고개를 꺾은 채 우두커니 서 있었다. 꺾인 그림자 위로 봄여름 가을 겨울이 예닐곱 번쯤 지나갔다. 어느 날 부터인가 습관처럼 가로등의 안부를 확인했다. 그림자는 쓸쓸했으나 불빛은 따스했다. 외진 길목을 지키며 마을 사람들과 더불어 낡아가는 가로등의 존재는 더 이상 사물이 아니었다.

가로등 근처에는 팔순의 할머니가 살았다. 허리가 기역자로 굽어 있었다. 가파르게 꺾인 생의 주름이 그러할까. 할머니는 가로등 그림자를 밟으며 달팽이처럼 느리게 걸었다. 작은 밀차와 노구는 누가 누구를 밀고 가는지 알 수 없게 한 몸으로 밀착되어 있었다. 엉덩이에는 닳아서 움푹 패고 반질반질해진 스티로폼 방석이 달려 있었다. 분신처럼 앞뒤로 둘을 거느린 할머니는 이따금 가로등 아래서 허리를 펴고 숨을 가다듬었다.

가끔 가로등이 있는 그 길로 산책을 나갔다. 폭설로 논밭의 경계가 지워진 풍경 속에서 살아있는 것들의 기척을 만나는 일은 안쓰러웠다. 가로등에 기대어 가녀린 줄기를 뒤채는 강아지풀의 그림자는 아슴푸레했다. 지녔던 색을 모두 지우고 희부옇게 바래 있었다. 미처 꽃밥을 털어내지 못한 채 꺾여 있었다. 나는 바람의 흔적처럼 나붓대는 그 자취를 겨우 카메라에 담았다. 석포리의 기억 속에는 기역자로 꺾인 할머니와 가로등, 강아지풀의 영상이 아릿하게 남아 있다. 그림자에 마음을 주기 시작한 것도 아마 그 무렵이었을 것이다.

보이는 그림자의 낭만적 이미지에 비하면 보이지 않는 그림자의 은유는 은밀하고 위험하다. 플라톤의 동굴 우화는 본질과 그림자 사이에서 그림자가 전부라고 믿는 사람들의 어리석음을 시사하고 있다. 실체와 그림자를 구분하지 못할 때 환영에 갇힌 노예의 삶을 살 수밖에 없다는 우화의 메시지는 여전히 경고로 삼을 만하다.

자본과 권력과 욕망이 결탁하여 만들어내는 형형색색의 눈부신 그림자를 보라. 그 그림자에는 치명적 중독성이 있다. 한 번 맛을 보면 빠져나오기 어렵다. 게다가 신처럼 전적인 헌신을 요구한다. 무저갱 같은 식욕으로 그가 거꾸러질 때까지 탐식하게 만든다. 사람들은 거기 빠져 죽을지언정 그림자의 환영에서 벗어나기를 원치 않는다. 그 욕망의 틈새를 파고드는 맘몬신의 공격은 집요하다. 우리는 날마다 그것들의 환상적 그림자에 속아 울고 웃는다. 세상은 지금 그 욕망의 그림자로 어두컴컴하다. 문제는 돈과 권력 자체가 아니다. 그것들이 약속하는 신기루에 눈 먼, 우리들의 맹목적 질주다.

나 역시 바깥 그림자에 정신이 팔려 자기 안의 그림자를 살피지 못했다. 그림자는 때로 자신을 지배하고 있는 것의 정체가 무엇인지 그 수위를 알려주는 조짐일 수 있다. 나는 가끔 꿈속에서 억압된 아니무스적 인물로 등장한다. 그를 통해 무의식에 드리워진 내 그림자의 무게를 헤아린다. 온갖 그림자에 치여 왜곡된 자신의 내면을 직시하는 일은 불편하다. 자칫 그림자만 쫓다 진짜 내 인생은 살아보지 못한 채 죽을 수도 있겠다 싶다.

검은 그림자의 위력이 난무하는 어지러운 세상, 환영 너머 엄혹한 실체를 직시하고 균형을 잡는 일은 만만치 않은 숙제다. 보듬고 가야 할 생의 따뜻한 그림자를 가려내는 일 역시 미루어선 안 되는 과제다. 외면할 수는 있어도 피할 수는 없는 게 자신의 그림자 아닌가. 그림자가 있다는 것은 결국 내가 살아 있다는 증거요, 목숨 거두는 따순 빛이 저 바깥에 존재한다는 의미이기도 하리라.

그래, "침묵이 말의 뼈"를 이루듯 그림자는 생생한 존재의 기적이다. 현란한 그림자 군무 속에 저문 밤, 거실에 벽

화를 그리고 사라져가는 저 바깥의 불빛은 누구의 기척인
가?

풋울음 잡기

 온몸에 맷자국이 흡사 꽃처럼 흐드러지다. 나자마자 메로 맞고 담금질 당한 신세 같지 않게 기품이 있다. 세상에 무슨 팔자가 평생 두들겨 맞으며 노래를 불러야 한단 말이냐. 그렇게 터득한 득음 덕일까. 제대로 곰삭은 징의 울음이 깊은 골을 휘돌아 나오는 바람소리 같다.
 시작부터 너무 꼼꼼하게 살피는 바람에 시간이 길어지고 있었다. 세 시간째 혹사당한 눈이 슬슬 꾀를 부리기 시작했다. 그러다보니 정작 이벤트가 열리고 있는 민속박물관 3층의 전시물 관람은 건성이었다. 대강대강 목례만 건넨 채 마무리를 서두르고 있는데 홀연 생뚱맞은 이름 하나가 발목을 붙들어 세웠다. '풋울음 잡기'. 그 뒤로는 징이 적잖은 세월의 무게를 내려놓고 좌정해 있었다. 그와 더불어 한 시절을 풍미했을 징채도 꾀죄죄한 몰골로 징에 기대어 있었다. 무슨 까닭으로 '풋울음 잡기'란 이름을 갖게 되었을까?

박물관에 다녀 온 후 나는 한동안 풋울음이라는 단어에 집착했다. 검색을 통해 '풋울음 잡기'가 징의 완성 단계 이전, 소리를 조율하는 과정임을 알게 되었다. 언어를 매개로 하는 기억의 재생은 엉뚱하게 비약적이었다. 풋울음이란 단어가 걸핏하면 눈물을 찍어내던 사춘기적 내 모습과 겹치면서 징은 더 이상 예사로운 눈인사로 지나칠 수 없는 악기가 되었다. 불현듯 망치질 아래 풋울음이 잡혀가는 과정을 눈으로 보고 싶었다. 수소문 끝에 안성에 있는 유기공방을 찾아갔다.

섭씨 1300도의 도가니 속에서 징의 원재료인 구리와 주석이 하나로 섞이고 있었다. 불길은 맹렬했으나 불꽃의 중심은 투명하도록 맑고 고요해서 합일의 고통이라곤 찾아볼 수 없었다. 그야말로 무아지경을 연상케 하는 뜨거운 헌신이었다. 이윽고 혼절하듯 한 몸이 된 쇳물을 쇠판에 올려놓고 '앞매꾼', '전매꾼', '센매꾼'이 번갈아 메로 두드려 도듬질을 했다. '방짜'란 의미 그대로 징은 후려쳐 만들어야 하는 악기였다. 불질과 담금질을 반복하며 천 번이 넘는 곰망치질을 해야 했다.

도듬질 후에는 냄질, 싸게질, 부질, 담금질, 트집잡기 등이 순차적으로 이어지는데, 특히 마지막에 풋울음을 조율하는 재울음잡기는 고도의 숙련된 기술을 필요로 하는 마무리 과정이었다. 그 과정은 예민하고 섬세해서 단 한 번의 망치질로도 구멍이 나거나 소리를 망칠 수 있기 때문에 잠시도 한눈을 팔아선 안 되었다. '가락의 판단자'라는 징소리의 고명한 훈장 뒤에는 그토록 지난한 내력이 숨어 있었던 것이다.

공방 주인의 안내로 뒤쪽에 있는 유기박물관엘 들렀다. 박물관은 공방을 처음 연 윗대 어른의 염원에 따라 그 자손들이 개관한 것이었다. 들어가면서 바로 단청걸이에 걸린 상사징을 보는 순간 가슴이 뛰었다. 얼른 봐도 단단한 맷집을 지닌 지름 두 자 너비의 대정大鉦은 수많은 동심원을 가슴에 품은 채 광휘로웠다.

경이로운 눈길로 대정의 몸체를 쓰다듬으며 인고 속에 달려왔을 지난 시간들을 위무했다. 무릇 징은 정중앙을 쳐서 소리가 고루 퍼져나가게 해야 한다는 말을 들은 터였다. 숨을 가다듬고 조심스레 징의 한가운데를 쳤다. 부드럽고 묵직한 소리의 고즈넉한 여운이 가슴으로 밀물져 왔다. 단순한 가락에 얹힌 수많은 곡절의 깊이가 넉넉히 헤아려지는 듯싶었다. 과연, 뜨거운 불길과 망치질을 감당하며 쟁여온 장중한 소리는 '모든 소리를 감싸는 포용의 울음'이라 할 만했다.

풋울음을 우는 것이 비단 징 뿐이겠는가. 우리네 삶도 어쩌면 굽이굽이 풋울음을 잡는 망치질의 연속인지 모른다. 지명의 고개를 넘는 동안 내 삶에도 제법 맷집이 생겼지만 아직 재울음의 언저리에도 미치지 못하고 있다. 돌아보건대 고통에 대한 성찰보다는 원망이 더 깊었다. 가풀막에서 자라는 나무가 처지를 비관하여 자라기를 포기했다는 말을 들은 적이 있던가. 어쩌면 나의 회한은 주어진 척박한 토양보다 그것을 넘어서려는 의지조차 갖지 않았던 무기력한 자신에 대한 것일 수 있다. 그 어느 것에도 뜨겁게 헌신한 적 없이 시늉만 하면서 언감생심 삶의 득음을 탐냈던 것일까.

울 테면 방짜 징처럼 제대로 울 일이다. 언제까지 사춘기적 풋울음을 울 참인가. 두들겨라. 두들기고 또 두들겨 패서 한번쯤 저 징의 깊디깊은 진짜 울음을 울어봐야 하지 않겠는가.

편도 티켓

　나는 그냥 있다. 존재의 이유와 목적이 없다. 나는 모든 것의 창조자이며 파괴자이다. 모든 존재가 내 안에서 생성되고 내 안에서 사라진다. 나는 모든 이에 대하여 일방통행이며 누구도 편애하지 않는다. 아무에게도 강요하지 않지만 만인이 스스로 내 앞에 굴복한다. 나는 무한히 존재하지만 나를 의식하는 자의 의식 속에만 있다.

　세상이 나에게 지어준 이름은 시간이다. 그러나 그것은 사람들의 편의를 위한 것일 뿐 정확한 이름은 아니다. 어떤 이들은 나를 인생이라 부른다. 아니, 돈이라고 부르기도 하는데 근래 이 주장은 강력한 설득력을 얻고 있다. 현대인은 인생이란 말에 향수를 느낄지언정 애착을 갖지 않는다. 그것을 생각할 겨를이 없다. 대부분의 사람들이 나를 통해 얻고자 하는 건 진리가 아니라 돈과 쾌락과 권력이다. 인생이란 낱말은 어쩌다 삶의 매뉴얼에 등장하는 고리타분한 장식이다.

어떤 이는 추억을 통해 나를 거슬러 올라간다. 그러나 그것은 그림의 떡처럼 허망한 위로일 뿐이다. 어떤 이는 나를 횡단하여 남보다 몇 배 빠른 속도로 산다. 그러나 그 또한 십중팔구 목숨을 담보로 한 것이어서 허망하기는 매일반이다. 저마다 애써 나를 극복해보려고 시도하지만 오십보백보다. 세상은 그들이 남긴 흔적을 흔히 역사라고 부른다.

누군가는 이렇게 말하기도 한다. 오로지 순간의 현재에 살라고. 순간만이 내 것이라고. 그 말은 꽤 그럴 듯해서 많은 사람들이 귀를 기울인다. 그러나 그 말은 해석의 여지가 다양하다. 어떤 이는 내일 죽을 터이니 오늘 '먹고마시자주의'다. 어떤 이는 오늘의 충실함을 내일을 위한 보험으로 여겨 여전히 미래에 담보 잡힌 삶을 산다. 어떤 이는 미래나 과거 심지어 오늘에도 집착하지 않고 그날그날 무탈한 일상을 감사하며 평범하게 산다.

누군가 물었다. '세상에 그 어느 곳에도 없는 샹그릴라가 있다. 모든 사람들이 가기를 꿈꾸는 아름다운 낙원이다. 원한다면 그곳에 갈 수 있다. 단 조건이 있다. 한 번 가면 다시 돌아올 수 없다. 그래도 가겠는가?' 극소수의 사람들이 그 조건에 응했다. 그러나 대부분의 사람들은 다시 돌아올 수 없다면 샹그릴라에 가는 것을 포기하겠다고 답했다.

샹그릴라로 가는 티켓처럼 인생은 다시 돌아올 수 없는 편도 티켓이다. 우리는 선택의 여지없이 편도 티켓을 쥐고 인생이라는 열차에 탄다. 열차는 쉼 없이 시간의 쳇바퀴를 돌리다 우리를 삶의 종점에 내려놓고 사라진다. 혹자는 역사라는 한 페이지에 이름을 올리기도 하지만 대부분의 궤적들은 시간의 모래밭 속에 흔적도 없이 묻힌다.

어떻게 살 것인가? 시간은 광속으로 흐르고 하차는 예고 없이 내려질 판인데 나는 여전히 진부한 일상 속에 있다. 샹그릴라에 대한 해답은 오늘, 이 순간을 사는 나의 태도에 달려 있는 거라고 식상한 위로를 하면서.

3D로 나를 재구성하다

 매장 안이 기괴할 정도로 조용하다. 번쩍거리는 '3D프린팅' 로고만이 시선을 압도할 뿐이다. 주문, 결재, 생산, 배송까지 모두 디지털 방식으로 완결되는 '3D프린팅' 마켓. 무인 안내데스크 앞으로 다가간다. 일정 거리에 이르자 센서가 작동하고, 더없이 경쾌한 여성의 음성이 흘러나온다.

 고객님, '3D프린팅' 세계에 오신 것을 환영합니다. 무엇을 도와드릴까요?
 저어… '나'를 주문하려고 합니다. 말하자면 나를 재구성하고 싶다고나 할까요.

 네, 어떤 방식으로 재구성하기를 원하는지 구체적으로

말씀해 보시죠. 예를 들면 있는 그대로의 복제와 부분 수정 복제가 있는데 그에 따라 가격이 달라집니다. 품목별 가격은 모니터 화면을 참고하시면 되고요. 내면 수정에는 별도의 요금이 부과됩니다. 그리고 *표가 있는 대뇌와 해마 수정 비용은 시가를 적용합니다. 결정이 어려우시면 모니터를 통해 다양한 수정 사례들을 보시고 참고하실 수 있습니다. 또 수정 이후 자신의 모습을 미리보기 기능을 통해 살짝 엿보실 수 있습니다.

아, 네! 먼저 내적 성향에 대한 수정 품목부터 구매하겠습니다. 현재 상태에서 열등감 45%, 자존심 40%와 이기심 20%, 소심증 20% 톨스토이에 버금가는 진지함 20%를 삭제해 주세요.

참고로 삭제 품목은 추가 품목보다 20% 비용이 저렴합니다. 추가 품목은 없으신가요?

추가 품목은 용기 60%, 결단력 40%, 감성 30%, 유머 30%, 영악함 15%, 섹시 5%, 뻔뻔함 3%를 구매하겠습니다. 그리고 눈가의 생기 50%, 피부 색조 50% 상향 조절 가능할까요?

네, 가능합니다. 더 이상의 주문은 없으신가요? 미리보기

기능을 사용한다면 지금까지 구매하신 것을 근거로 수정된 미래 고객님의 모습을 모니터에서 확인할 수 있습니다. 중간 수정은 일회 허용되고, 내면 수정 신뢰지수는 +- 0.5% 수준입니다.

 와우, 눈의 생기만으로도 한결 활기 있어 보이네요. 그간의 사례들을 믿고 주문하도록 하겠습니다. 중간 수정은 지정된 날짜에 화상통화로 하도록 하지요.

 네, 감사합니다. 모니터에 제시된 품목별 가격과 전체 구매 금액을 확인해 주시기 바랍니다. 고지사항을 미리 말씀드리면, 수정 이후 다소의 인간성 상실과 정체성 불명이라는 부작용이 있을 수 있으므로 수정과 삭제 품목을 신중히 선택하시기 바랍니다. 그리고 단순 변심으로 인한 취소의 경우 미리 지불된 예약금은 환불되지 않습니다. 주문에서 완제품이 출시되기까지 일주일 정도의 기간이 소요되며 무상 A/S기간은 3년입니다. 주문완료 하시겠습니까? 완료하시면 바로 스캔 시작하겠습니다.

 인간성 상실이란 말보다 정체성 불명이란 말이 귀에 걸리네요. 뭐 더 이상 잃어버릴 정체성이란 게 남아 있을지 모르지만요.

투자의 손익을 저울질하다 구매완료를 누른다. 앞으로 이십 년 나답게 인생을 재구성해서 살 수 있다면 충분히 남는 장사 아닌가. 어쩌면 이것이야말로 살면서 내가 한 가장 신명나는 투자인지 모른다. 규범에 얽매이고, 시선에 움츠리고, 스펙에 주눅 든 그간의 내 인생은 이제 굿바이!

'3D프린팅'은 꿈의 테크놀로지다. 모든 부품을 갖춘 완성된 자전거를 한 번의 클릭으로 만드는 세상이다. 프린트한 악기로 연주를 하고 프린트한 고기로 점심을 먹을 수도 있다. 코넬 대학은 환자의 갈비뼈에서 채취한 세포로 귀를 프린트했고, 샌디에이고 소재 연구회사인 '오르가노보'는 심지어 간세포를 프린트하는데 성공했다고 한다. 뿐인가. 캘리포니아의 엔지니어링 교수인 베록 코쉬네비스는 집 한 채를 전기 및 배관 공사를 포함해 하루 안에 3D 프린트로 만들겠다는 계획을 내놓은 상황이다.

지금도 어디선가 야심 많은 천재들은 온전한 인간 복제를 꿈꾸고 있을 것이다. 이쯤 되면 '3D프린팅'은 복사 개념이 아니라 창조 개념이라고 주장하는 일이 생길지 모른다. 그럼 나를 재구성하고 싶다는 저 엉뚱한 꿈도 현실이 되는 날이 올지 누가 알랴. 그런데 보자, 3D로 나를 재구성한다면 그 삶의 주도권은 누구에게 있다고 해야 하나?

비밀번호
소나기
마음을 편집하다
바람의 변주곡
벌레
네모에 갇히다
푸른 눈의 승냥이
과녁
시선
수탉에 관한 연구

비밀번호

비밀번호를 누른다. 기척이 없다. 늘 사용해 오던 번호다. 다시 꾹꾹 눌러봐도 여전히 침묵이다. 그래도 내 기억을, 내 믿음을 의심하지 않는다. 끝내 그에게 들어가는 문은 열리지 않고 나는, 밖에 서 있다.

인상은 그 사람이 살아 온 내력을 반영한다. 그만의 독특한 삶의 흔적이 담긴 지문 같은 것이다. 한 사람을 이해한다는 건 그 얼굴의 내력 즉 표정 하나하나에 담긴 희로애락의 골과 마루를 헤아리는 것일 테다. 표정은 삶의 어둠을 감추면서 드러내는 일종의 기호이다. 그런 점에서 비밀번호와 닮았다.

표정은 수많은 인연들과 스치며 그려진다. 인연 따라 한 표정이 파생되면서 새로운 인상을 만들어간다. 그때마다 비밀번호도 다채롭게 바뀐다. 이는 수시로 바뀌는 상대의 비밀번호를 해독해야 함을 의미한다.

우연히 비밀번호를 맞혀 문이 열리고 타인 안으로 들어갈지라도 그것은 아주 잠시뿐일 확률이 높다. 내가 겨우 그의 표정을 이해한 순간 그는 이미 다른 표정, 다른 비밀번호를 만들어낸다. 두 사람이 끝내 완전한 일치를 이루기 어려운 이유가 그 때문이리라.

경솔하게 속을 털어놓고 후회한 적이 있다. 내 말이 끝나기 무섭게 상대는 딱하다는 듯 받아친다. 뭘 그런 걸 가지고 마음을 끓이냐고. 그냥 깜냥대로 살라고. 그리고 치명적인 한 마디를 덧붙인다. 그런 일에 목매는 사람인 줄 몰랐다고. 순간 가슴 속에서 요란한 경고음이 울린다. 역린을 건드리는 가시 앞에 마음이 쾅, 닫히는 소리다.

나 역시 성급하게 답을 건네다 오해를 산 적이 많다. 애써 건넨 위로가 도리어 상대의 노여움을 불러일으킨 것이다. 내 가슴으로 타전하는 신호는 에러가 나기 십상이다. 에러가 에러를 낳으면서 서운함과 원망의 세포도 증식한다. 그 결과 서로 닫힌 문 밖에서 외로워한다.

얼마나 많은 시간 타인의 마음으로 들어가는 암호를 알아내기 위해 고심했던가. 겨우 문을 열었다 싶은데 또 하나의 문이 가로막고 있을 때의 아득함이라니. 우리 삶의 기록을 엑스레이로 찍는다면 잘못 짚은 고투의 흔적으로 흥건

할 것이다.

 순간순간 바뀌는 타인의 마음을 해독하는 일은 평생 숙제일 터다. 인간의 기술은 블루투스를 사용할 만큼 진보했으면서도 정작 마음과 마음의 연결 장치에 대해서는 조금도 진화하지 못한 존재다.

 마음에 접근하는 키워드는 비판적이고 논리적인 사유 능력보다 상대방의 어둠을 읽을 수 있는 따뜻한 감수성이다. 찾아내는데 시간이 걸리기는 하지만 답은 분명 우리가 아는 것 사이에 있을 것이다. 그러나 센서는 사람마다 다르므로 오직 한 가지 작동법으로 다룬다면 제대로 기능을 발휘하지 못할 수 있다는 점도 유의해야 하리라.

 딱하게도 나는 수많은 표정을 만들다 내게로 들어가는 비밀번호마저 잊어버리고 자신을 바깥에 가두었다. 스스로 벽이 되어 나를 내 안에 들이지 못한 것이다. 아니, 알량한 자존심이나 이기심 때문에 외면한 것인지도 모른다. 내 안으로 들어가는 비밀번호도 모르면서 타인에게 들어가는 비밀번호를 알려고 하다니.

 돌이켜보면 비밀번호를 잘못 눌러 쓸쓸히 돌아선 적이 얼마나 많았던가. 그것도 가장 가깝다고 생각하는 사람, 가장 정확하게 알고 있다고 믿는 사람의 문 앞에서. 오랜 시행착오 끝에 깨닫는다. 비밀은 어둠처럼 완고하여 영원히 그 실체를 드러내지 않는다는 것을. 살아 있는 존재의 변화는 불가항력이며 비밀번호의 올바른 해독은 개체의 다름과 독립성을 인정하고 수용하는 것임을. 그럼에도 나는 다시 비밀번호를 누른다. 세상에 사는 동안 '너'는 영원히 '나'의 문일 것이므로.

소나기

.

 세상에 인연 아닌 것이 있으랴. 삶이란 어쩌면 가없는 인연의 바다를 유영하는 일인지 모른다. 우연인 듯 스쳤거나 태풍처럼 생의 한가운데를 가로 질렀거나 그 모두 내 안에 궤적으로 남아 있으리라. 내 인생 풋것이었던 시절, 한 여름 장마 속에 찾아들었던 인연 하나는 지금도 기억의 수면을 오르내린다.

 장맛비가 오락가락하던 날이었다. 창문을 닫으려는데 한 청년이 우산도 쓰지 않은 채 뛰어왔다. 그는 서둘러 현관에 달아놓은 주머니에 우유를 넣고 돌아섰다.

 "잠깐만요. 비 좀 피해서 가세요."

 그는 쭈뼛거리며 집 안으로 들어섰다. 빗물이 연신 얼굴을 타고 흘러내렸다. 현관에 걸터앉아 건네준 수건으로 물기를 닦았다. 따라 준 음료수를 반도 마시지 않은 채 자꾸 밖을 기웃거렸다. 비는 금세 그칠 것 같지 않았다. 아무래도 그냥 가봐야겠다며 자리에서 일어섰다. 나는 우산을 내밀었다. 그는 정중하게 고맙다는 인사를 남기고 빗속으로 뛰어갔다.

그 후 그는 이따금 우리 집엘 들렀다. 아이들과 놀아주기도 하고 간간이 속내를 털어놓기도 하면서 편안하게 쉬어갔다. 진로 문제를 의논하기도 하고 바깥으로만 떠도는 아버지에 대한 원망도 털어놓았다. 어떤 날은 물끄러미 먼 산만 바라보다 맥없이 일어서기도 했다. 여리고 내성적인 성격에 고민이 많을 때라 그렇지 싶었다. 비슷한 처지의 남동생을 생각하며 기꺼이 귀를 기울였고 가능한 허물없이 대해 주었다. 장마가 끝나고 불볕더위가 기승을 부리던 어느 날, 우유 대금을 수금하기 위해 들렀던 그는 평소와 사뭇 다른 어조로 말했다.

"저어, 드릴 말씀이 있어요."

그는 행정고시 공부를 시작했으며 한동안 볼 수 없게 될 거라고 했다. 그동안 베풀어준 친절에 감사하며 가끔 전화를 해도 되는지 물었다. 청년의 목덜미가 붉어지고 있었다. 그제야 나를 바라보는 눈빛이 심상치 않다는 것을 알아차렸다. 순간 나도 모르게 불쑥 우유 값이 들어 있는 봉투를 내밀었다. 그는 고갤 떨어뜨린 채 자리에서 일어났다.

다음날 청년은 오지 않았다. 그의 어머니가 대신 배달을 했다. 나는 안도하며 가슴을 쓸어내렸다. 그렇게 달포쯤 지났을 때였다.

"저예요. 목소리 듣고 싶어 전화했어요."

목소리가 가늘게 떨리고 있었다.

"공부 잘 하고 있겠지요? 그렇게 믿고 전화 끊을 게요. 마침 아이를 재우던 중이어서요."

가슴이 두방망이질 치면서 현기증이 일었다. 청년은 다섯 살이나 아래인 막내 남동생과 같은 나이였다. 더구나 그는 내가 시어머니를 모시고 살며 두 아이의 엄마라는 사실을 잘 알고 있었다. 그런 내게 연정을 품으리라곤 꿈에도 생각지 못한 일이었다. 공연히 일이 확대되어 불상사라도 생기면 어쩌나 은근히 가슴앓이를 하면서 전화벨이 울릴 때마다 전전긍긍했다.

그러던 어느 날 그의 어머니로부터 어린 시절 이야기를 듣게 되었다. 그는 아들만 여섯 형제 중 셋째였다. 단칸방에 난봉꾼인 아버지, 늘 일터에 나가 있는 어머니, 게다가 그는 외가에서 어린 시절을 보내는 바람에 부모의 사랑이라곤 모르는 채 자랐다고 했다. 그의 눈빛에서 느껴지던 허기의 정체를 알 듯 싶었고, 오지랖 넓은 나의 친절이 정에 주린 그의 가슴에 불을 지피게 했는지도 모른다는 생각이 들었다.

막바지 더위가 물러가고 태풍의 여파로 바람이 몹시 불던 날이었다. 전화벨 소리가 요란하게 울렸다. 수화기를 집어든 순간 급하게 이어지는 청년의 말소리를 확인할 수 있었다. 대답을 듣지 않은 채 전화는 끊어졌다. 그는 지금 길 건너에 와 있으며 마지막으로 한 번만 보게 해달라는 부탁이었다. 가슴이 덜컥 내려앉았다. 나가야 하나 말아야 하나. 길은 분명 하나이련만 생각은 천 갈래 만 갈래였다. 이번엔 분명하게 매듭을 지어야 한다고 굳게 마음먹고 약속 장소로 나갔다.

 횡단보도를 막 건넜을 때였다. 밀짚모자를 쓰고 회색 장삼을 입은 사람이 내 앞으로 다가와 섰다. 상대를 확인한 순간 나도 모르게 탄식이 흘러나왔다. 승복을 입은 사람은 바로 청년이었다. 모진 말로 그를 내치리라는 다짐이 모래성처럼 무너져 내렸다. 그는 앞장서서 근처 만월산 산책로로 걸음을 옮겼다. 한참을 걷도록 아무 말도 하지 않았다. 갑자기 걸음을 멈춘 그가 내 손을 꼭 잡았다. 불안과 연민이 회오리치면서 다리가 후들거렸다. 얼마나 시간이 흘렀을까. 청년은 차분한 표정으로 입을 열었다.

 "얼굴에 반하면 마음을 빼앗기고 마음에 반하면 영혼을 빼앗긴다는 말이 있어요. 당신은 제게 그런 분이었습니다. 이제 전 모든 것을 내려놓고 수행의 길을 갑니다. 후회하지 않을 거예요. 당신 때문이라고 생각지 말아주세요. 오래전부터 마음에 두었던 일입니다. 계戒를 받기 전에 꼭 한 번 뵙고 싶었습니다. 그래야 내 길을 갈 수 있을 것 같아서요."

이어 간절한 눈빛으로 합장을 하더니 오던 길을 돌아 천천히 내려갔다. 회색 장삼 자락이 굽이진 산길을 돌아 보이지 않을 때까지 나는 우두커니 서 있었다.

이십 년의 세월이 흘렀다. 나는 지인으로부터 그가 양산 통도사에 있다가 미국의 한 선원으로 건너가 십 년 넘게 공부하고 있다는 소식을 들었다. 제 길을 잘 가고 있다는 안도감 때문이었을까. 비로소 마음의 짐을 내려놓은 기분이었다. 그의 선택이 운명이었다면 한때 소나기처럼 찾아들었던 연정도 이젠 인연의 유영을 마치고 시간의 모래밭 화석花石이 되었기를 바랄뿐이다. 여전히 암각화처럼 남아있는 마지막 그의 뒷모습. 인연이란 풀잎 흔드는 바람처럼 그렇게 흔적 없는 것이 아니었던가.

마음을 편집하다

들어가다

그는 있다, 없다. 보배다, 화근이다. 행위의 실질적인 주범이다. 바다와 바늘구멍 사이를 무시로 왔다 갔다 하며 수많은 결과 층이 있어 종잡을 수가 없다. 아니, 그는 호르몬의 한 작용일 뿐이다….

혹자는 그가 바람이 물物에 기대어 나타나듯 네 아我를 통해 나타난다고 한다. 네 아란 몸 나, 얼 나, 제 나, 참 나이다. 바람을 잡을 수 없듯 그 또한 그러하단다. 어디에나 있고 또 어디에나 없는 그것. 태초 이래 추측만 무성할 뿐 여전히 정체는 오리무중이고 아무도 그 형상을 명확하게 그려내지 못하는 그것. 어떤 이는 그를 찾아 산에 들고, 어떤 이는 온 세상을 떠돌기도 한다. 사람들은 그를 마음이라 부른다.

나는 수십 년 마음과 동거했으나 아직도 그를 잘 알지 못한다. 그는 수없이 곁가지와 잔가지를 치면서 증식한다. 뿐인가. 수시로 속고 속이고 찌르고 찔린다. 직선이되 서로 찌르는 법이 없는 나무들. 그들은 일사불란하게 중심을 향해 응집하면서 키와 품을 늘린다. 사람인 나는 근심만 무성할 뿐 마음 한 뼘 넓히지 못한다. 마음을 아는 일은 먼 산 나무를 아는 일보다 어렵다.

엿보다

새벽들이 일어난다. 작정하고 주방의 싱크대를 열어젖힌다. 주인의 손을 타지 않은 그릇들이 정물처럼 놓여 있다. 오랫동안 사용하지 않아 누렇게 빛이 바래거나 기름때가 앉은 것도 있다. 단호하게 그릇들을 들어낸다. 버려질 그릇들이 큰 상자로 하나 가득이다. 정리된 수납공간이 허룩하다. 속이 후련하다. 필요 이상의 것들을 너무 많이 끌어안고 살았다. 비단 그릇들뿐이겠는가. 관계가 그렇고 습관이 그랬을 것이다. 공연히 삶을 번거롭게 하는 것들에 치여 내가 잃어버렸을 마음이며 시간은 또 얼마일 것인가.

그릇들처럼 핸드폰에 저장된 번호 중에는 묵히고 잊힌 것들이 많다. 어떤 의미로든 한때 내 안에 들었던 것들일 테지만 이젠 더 이상 내 인생 무대에 등장하지 않는 관계들이다. 과거형이 된 것들은 끝내 돌아오지 않고 또 그것으로 족해야 함을 안다. 무의미한 숫자로 남아 있는 관계들을 영구 삭제한다. 문제는 마음이 지우지 못하는 기록들이다. 이따금 각을 세우고 의식의 표면으로 출몰하는 기억들. 의식을 밀고 가는 힘은 무의식이라던가. 마음을 비우지 못한 그릇 정리나 숫자의 삭제, 실체는 놓아두고 그림자만 지운 격일 테다.

나오다

찌들고 찌든 마음을 삶는다. 일회성일망정 나름 정화를 위한 작업이다. 고통이라는 고농축 세제를 넣고 온도를 최대한 높인다. 부글거리며 마음이 끓기 시작한다. 부풀어 오른 거품이 차고 넘칠 듯 가슴을 압박한다. 어설프게 끓이면 변질되기 십상이다. 인내의 한도를 최대한 높이고 최소한의 숨만 붙어 있을 때까지 견딘다.

마음의 땟국은 좀체 벗어지지 않는다. 불기운을 조절하면서 펄떡거리는 소리가 나도록 오래 끓인다. 아뜩해지는 통증 속에 불순물이 증발한다. 잡념이 사그라지고 누르스름하던 마음 빛깔이 조금씩 제 색을 찾는다. 한소끔 뜨거운 감정을 빼내고, 진한 얼룩으로 남아 있는 상처 부위의 흔적을 힘껏 문지른다. 흐르는 물에 흔들고 또 흔들어 맑은 물이 나도록 마음을 헹구고, 마지막까지 변장술에 능한 집착의 관성을 쥐어짜 제거한다. 잔여의 습기마저 햇볕에 온종일 널어 말린다. 잡것이 빠져나간 心, 가볍다.

바람의 변주곡

appassionato(열정적으로)

 이끌리듯 한 장의 사진 앞에 섰다. 바람과 나무가 몸을 뒤섞고 있었다. 잎들은 푸른 물감처럼 풀어져 있었다. 얼핏 고통인 듯싶지만 마침내 희열에 도달한 표정이었다. 나무와 바람의 운우지정, 잎맥마다 푸른 물이 흐르고 잎자루마다 꽃이 피는 비밀이 거기 있었던가. 그러니까 김영갑은 그 내밀한 소통을 진즉 알아챘던 것일 테다. 나무가 여러 번의 사계를 지나는 동안 한생을 대변할 수 있는 결정적인 장면은 오직 한 번뿐이라고 한다. 그 순간을 낚아채는 것, 시시로 나무가 되고 바람이 되고 구름이 되어 거길 떠도는 영혼만이 가능한 일이리라. 사진마다 바람이 가득했다. 수시로 제주 오름의 나무와 풀들을 흔들어대던 바람 아니, 김영갑의 생 내내 곁을 휘돌던 바람이었으리라. 오름을 넘어 허기진 배를 움켜쥐고 바람 속에 돌아오는 그가 보이는 듯했다. 당근과 고구마, 맹물로 끼니를 때우기 일쑤였던 궁핍 속에서도 오직 사진을 찍을 수 있는 필름만 있으면 행복했던 사람. 사진을 위해 사랑도, 밥이 되는 일도 단호하게 물리친 사람. 뷰파인더 안의 세계 속에 스스로를 고립시키고, 애오라지 자연과 합일의 열망을 가졌던 사람. 마침내 나무에서 그 나무를 키우는 바람과 구름과 흙의 기운을 섬세하게 읽었던 사람. 풍경의 안쪽에서 그가 그토록 사랑하던 제주의 자연과 내통하다 마침내 마흔 아홉에 들풀처럼 스러질 때까지 한순간도 우물쭈물 살지 않았던 사람. 그의 유해가 뿌려진 갤러리 마당엔 김영동의 곡 '바람의 소리'가 애도하듯 휘돌았다.

feroce(거칠게)

바람이 종횡무진 거칠게 불었다. 막힌 데 없이 사방이 뚫린 벌판길이었다. 수로 옆 억새들이 심하게 몸을 뒤채었다. 겨우내 바람과 햇빛에 바랜 줄기는 희멀갰다. 부러지거나 꺾인 것 하나 없이 머리를 모두 한 방향으로 조아리고 있었다. 바람이 불 때마다 온몸을 흔들다가도 머리는 끝내 동쪽을 향했다. 유독 억새만 그런 까닭을 난 알지 못했다. 이름과 달리 억새는 그 몸놀림이 유연했다. 비밀은 텅 빈 줄기 안쪽에 있었다. 가장 먼저 흔들리고 휘어지면서도 이삭 바로 밑까지 곧추세운 줄기를 가진 식물이 억새였다. 겨울이 되면 억새의 잎은 누렇게 말라버렸다. 그러나 뿌리는 죽지 않고 살아 이듬해 더 무성하게 잎을 틔웠다. 새순이 나와 제법 모양을 갖출 때까지 마른 잎들은 줄기에 붙어 어린 싹들을 보호했다. 묵은 잎과 새 잎이 교체되는 명확한 시점을 알아채기는 쉽지 않았다. 무질서하게 보이는 자연 속에도 나름의 엄정한 질서와 자기를 지킬 줄 아는 지혜가 있었다. 문득 억새를 흔드는 건 바람이지만 억새를 자라고 견디게 하는 건 햇빛이라는 데 생각이 미쳤다. 억새는 그 시원의 힘을 악착같이 움켜잡아야 중심을 지킬 수 있다는 걸 알고 있는 게 틀림없었다. 그 질긴 생명력이 한결같이 그들을 모신母神인 태양으로 기울어지게 할 거라는 짐작이었다. 팔 할이 바람인 억새의 삶을 유지하게 한 원동력은 결국 이 할의 의지였던가 싶었다. 바람의 부피가 의지의 깊이를 이길 수 없는 거라고 혼자 고개를 주억거렸다.

sentimento(감상적으로)

바람이라는 단어 끝에 그녀가 연상되는 까닭을 추적하기는 어렵지 않았다. 장맛의 오심에 관한 인상적인 글 때문이기도 했지만 외양이나 심성에서도 묵은 장의 깊고 진득한 맛이 느껴지는 여자였다. 물론 하룻밤의 동침을 통해 쌓

게 된 알량한 연대감이 조금은 과장된 호의로 작용했을 수도 있었다. 그러나 무엇보다 그녀와 바람을 중첩시키게 된 건, 돌아치다 한 시절이 다 갔다는 나의 푸념을 이렇게 받아쳤기 때문이었다. "그게 다 바람 아잉교." 어떤 주춤거림도 없이 간단명료한 정의였다. 순간 그간 내 궤적의 배경이 선명하게 이해되면서 이미 바람고지의 순례를 마치고 평상심에 좌정한 듯한 그녀의 말투에 슬그머니 경외심마저 일었다. 그렇게 바람을 긍정하는 그녀의 어조 속에는 부끄러움도 원망도 없어서 오로지 건실치 못한 자의 끼로 치부하던 내 소견을 일거에 뒤엎었다. 바람이 무엇이냐. 그것은 욕망의 다양한 층위에 다름 아니었다. 결국 바람은 산 자가 부득불 끌어안아야 하는 욕망의 산물이며, 내 안의 끊임없는 불화 대부분이 바람을 긍정하지 못한 데 있음을 깨달았다. 그야말로 비속을 벗어나지 못한 자로서 욕망을 횡단해 살기는 어려웠다. 아니, 철새들이 기류를 타고 구만리 먼 길을 순행하듯 바람은 욕망의 닻을 조절하게 하는 항법장치임을 진작 알았어야 했다. 문제는 바람이 아니라 그것을 어떻게 삶의 동력으로 유용하느냐가 아니겠는가. 왜 깨달음은 언제나 이렇게 뒤늦은 것인지.

accorder(조율하다)

영靈으로 번역되는 희랍어 프네우마pneuma는 바람을

뜻하기도 한다. 애초 조물주가 사람을 지을 때 불어넣었다는 생기가 바로 그것이다. 한 숨 바람에 의해 연명되던 목숨은 그 숨이 스러지면서 흙으로 돌아간다. 결국 바람은 생물학적으로도 인간에 내재된 본질이었던 셈인가. 바람은 만물의 한생을 관통하면서 다양한 삶의 무늬들을 부려놓는다. 보이지 않는 바람을 사진 속에 담은 김영갑은 그 자신의 삶이 바람이었다. 억새 또한 바람이 아니었다면 그토록 강인한 줄기를 지니지 못했으리라. 나 역시 내 안의 바람을 통해 인생이 본디 정처定處 없음의 정처임을 깨닫는다. 비로소 적과의 오랜 동침 끝에 화해한 느낌이었다. 바야흐로 내게도 바람과의 공생 시대가 도래한 것인가.

벌레

 꿈틀꿈틀, 난 수상한 시절인연으로 '진지충眞摯蟲'이란 별칭을 갖게 된 '사람'이다. 그에 대한 사전적 정의는 다음과 같다.

 진지眞摯:말이나 태도가 참답고 착실함.

 충蟲:벌레

 벌레의 어원: 한국어 '벌레'는 세소토어 beleha (to beget)에서 유래한 것으로서, 애를 얻는다는 뜻이니, 우글거리는 '곤충의 애벌레'를 의미한다.

 두 단어를 합치면 말이나 태도가 참답고 착실한 벌레란 뜻이 된다. 뒷말이 앞말을 뒤집고 억누른다. 참답고 착실하면 벌레, 구더기 같은 애벌레로 비하되는 세상이다. 가볍고 초감각적이고 안개처럼 무상한 세상에서 진지는 무겁고 부담스러울 테다. 감정 과잉이고 에너지 낭비로 여겨지기 십상이다.

진지충의 특징은 매사 의미부여하기다. 말이든 사물이든 본질적으로 왜? 왜? 의미를 파고든다. 사실 골치 아프고 피곤한 일이긴 하다. 세상만사 어디 그리 명쾌한 해답이 있던가. 가장 우매한 질문은 형이상학적인 것이라지. 답이 없는 문제에 연연하지 마라, 대충 넘어가라, 그냥 즐겨, 그냥 사는 거야, 그래야 벌레가 되지 않을 수 있어. 혹자의 충고다.

진지충은 낯가림이 심한 편인 데다 비사교적이다. 특히 놀이방에서의 처신은 영 젬병이다. 가능한 구석에 앉는다. 술잔이 오가고 그 술보다 더 취하게 하는 말들이 오간다. 성적 배설의 카타르시스가 질펀하다. 진지할수록 초라해지는 자리, 혼란스럽다. 그들은 정말 그 허망한 말들의 성찬을 즐기고 있는 것인가? 농담조차 토론의 화두로 바꿔버리는 진지충의 진지야말로 상대를 뒤집어지게 하는 요소다.

특히 진지충의 연애 스타일은 따분하다. 생각이 많다보니 재는 시간이 길다. 바람은 당연히 사절. 고지식하게 사랑 앞에 진정성을 강요한다. 21세기 대부분의 사랑은 호르몬의 농간이고 애당초 무모한 감정의 유희라는 사실을 믿지 않는다. 지금의 예스는 단지 지금만 유효하다는 사실도. 열 번 발등을 찍힐지언정 사랑에 대한 믿음을 버리지 못하는 우직한 로맨티스트이기도 하다.

진지충의 이웃사촌은 설명충說明蟲이다. 그 둘을 동시에 지닌 충은 왕따를 면치 못한다. 진지하다 보면 설명이 길어지기 쉽다. 눈치 없이 친절한 금자 씨가 되는 거다. 말의 속도는 결코 생각의 속도를 따라가지 못한다. 경청 여부는 단 몇 초 만에 판가름 난다. 진지는 무겁고 설명은 거추장스럽다. 더구나 이모티콘 기호가 말을 압도하는 시대, 세련되고 싶다면 진지와 설명은 엿 바꿔 먹으라는 세상이다.

꿈틀꿈틀, 귀도 가렵고 생각도 가렵다. 말이나 태도가 참답고 착실한데 왜 벌레가 되어야 한단 말인가? '더 이상 의미를 묻지 않는 세상은 영혼 없는 전문가들로 넘쳐나게 된다'고 말한 철학자는 빅터 프랭클이었던가. 시대가 변했다고? 미친 속도에 휘말려 멀쩡한 사람 벌레 만드는 세상 따라가는 건 잘 하는 일인가? 감히 사람에게 벌레란 별칭을 부여하는 그들은 누구인가? 배후 주동자는 필경 이 시대 영악한 마키아벨리의 후예들이 섬기는 유일신 자본주의일 터다.

진지충은 예의 그 진지한 사고를 발휘하여 그들의 의중을 헤아린다. '한 마디로 난 너보다 훨씬 잘났어. 난 널 벌레라 부를 자격이 있지. 넌 나와 같은 줄에 설 자격이 없어. 불쾌해. 내 밥그릇 넘보지 말고 꺼져.' 비하 속에 깃든 그들의 근거 없는 특권의식은 얼마나 위험한 폭력인가? 제아무리 그럴듯하게 포장을 해도 결국 제 밥그릇 지키기 위한 공격적 표현들 아닌가.

벌레의 종류는 또 얼마나 다양한지. 아이를 제대로 단속하지 않는다고 맘충, 의학전문대학원 나와 의사가 된 사람들을 비아냥대는 의전충, 농어촌 전형이 포함되는 기회균형선발전형으로 들어온 학생들을 '기균충', 지역균형선발을 비하한 '지균충'이란 말도 나왔다. 일베충, 무뇌충, 로퀴충, 페북충…. 앞으로 새로운 이름을 가진 아니, 더 자극적인 이름을 가진 인간벌레들이 출현할 것이다.

사실 벌레는 인간과 공생하는 파트너이고 생태학적 관점에서는 자연의 균형을 잡아주는 역할도 크다. 게다가 벌레를 미래 식량자원으로 고려하고 있는 마당에 오직 박멸의 대상으로만 볼 존재가 아닌 것이다. 인간을 해충, 벌레로 비하하는 그 시선에는 약자에 대한 관용과 배려는 없이 시장주의 효율성 관점으로만 대상을 보는 냉혹함이 있다. 사는 게 전쟁이라지만 그 전쟁의 진정한 승리는 사람을 사람으로 대접하는 공생 방식에서 나오는 게 아닐까.

기진맥진한 진지충의 귀에 한소리가 명료하게 들려온다.

'못 말리는 진지충, 또 설명이군. 역시 부담스러운 존재야. 감히 우리의 양심을 건드리다니!'

꿈틀꿈틀, 진지충은 힘껏 겨드랑이 가려움을 떨치고 자라목처럼 움츠러들었던 감성 촉수를 활짝 편다. 바야흐로 혐오스러운 허물을 벗고 화려한 변신을 할 날이 도래한 것인가.

네모에 갇히다

나는 골몰하는 습관이 있다. 그러다 끌리고, 빠지고, 갇힌다. 늘 거기 있으나 늘 아무렇지 않게 존재하는 사물들, 어느 순간 그들 속에 갇힌 나를 본다.

눈을 뜨면 시선은 버릇처럼 천장에 가 머문다. 네 귀 반듯한 사각형의 안방 천장. 그만큼 내 삶의 민낯을 속속들이 들여다 본 존재도 없으리라. 두 사람이 한 몸이 되고 그 둘이 네 명의 가족을 이루었다가 다시 한 사람이 된 역사를 지켜본 그가 아닌가. 그동안 두 아이는 제 둥지를 찾아 떠났고, 남편은 아내보다 텔레비전과 더 가까운 사이가 되었으며, 나는 세상 무서울 것 없는 중년이 되었다.

천장은 수많은 날 남모르는 나의 뒤척임과 한숨을 낱낱이 꿰고 있을 것이다. 저 케케묵은 과거로부터 끄집어낸 잡념을 미래로 확장해가는 부질없는 버릇도 익히 알고 있을 것이다. 개선장군처럼 출정했다 패배한 병사처럼 지쳐 귀가하는 주인을 연민의 시선으로 바라보기도 했으리. 가끔은 생의 불안을 신심 깊게 다독이기도 하지만 끝내 깨달음에 이르지 못하고 한 마리 짐승처럼 웅크리고 잠든 모습도 보았겠지. 아니, 그 몸짓 속에 담긴 욕망의 갈피갈피까지 섬세하게 헤아리고 있을지 모른다.

때로는 나를 위로하고 싶었을까. 아니, 등짝을 후려치며 깨어 있으라, 일성을 내지르고 싶었을지도 몰라. 아주 가끔은 넌 참 괜찮은 사람이라고 '엄지 척'을 해주지 않았을까. 그는 물끄러미 내려다볼 뿐 가타부타 말이 없다. 반듯한 모양새로 나를 억압하지 않고, 시시콜콜 나의 모자람을 저울에 달지 않으니 편안하다. 내 어설픈 관념이 조금이나마 숙성되어 삶의 진국으로 녹아들 수 있었던 것도 저 침묵의 관용 때문은 아닐까. 누군가에겐 사무치게 그립고 따스한 공간이기도 할 사각의 방. 눈이 흐려져서야 깨닫는다. 이 네모야말로 세상에서 가장 소중하고 편안한 거처라는 것을.

나는 스마트폰을 '스선생'이라 부른다. 그는 매끈한 네모의 형상을 하고 있으며, 거의 모든 질문에 대한 답을 가지고 있다. 동시에 광속의 세계를 오가며 예측을 불허하는 키메라의 표정으로 사람들을 유혹한다. 그는 사람들의 시간과 돈, 정신을 무저갱처럼 집어삼키며 증폭된 갈증을 재생산해 낸다. 가상의 만남과 가상의 위로 그리고 가상의 누각 속에서 진짜 관계가 사라진다. 사람들은 가상의 허망함에 매몰되지 않기 위해 계속 가상의 세계에 머물며 수시로 천국과 지옥을 오르내린다. 그는 어쩌면 사람들이 죽는 그 순간까지 곁에 남아 있는 유일한 존재일지 모른다.

나 역시 '스선생'의 애용자다. 그는 내 모든 인연의 끈을 쥐고 있다. 그가 없는 나는 미아에 가깝다. 무엇보다 그는 나의 내밀사항에 대해 많이 알고 있다. 굳건하게 침묵을 지키고 있지만 비밀을 발설하지 않겠다는 약속은 하지 않는다. 그는 속성상 비밀보장이 불가능한 존재다. 내밀사항은 언제든 민들레 홀씨처럼 불특정한 곳에 착지해서 무성한 소문으로 발화할 수 있다. 하지만 그런 일이 일어날 확률은 높지 않다. '스선생'은 자기 안의 빅 데이터를 통해 흥밋거리의 상중하를 가려내는 귀재다. 이름 없는 아낙의 평범한 일상은 주의를 끌 만한 소재거리가 되지 않는다는 걸 잘 알기 때문이다. 그는 끊임없이 진화하면서 사람들을 노예처럼 부릴 것이다. '스선생'은 적과의 동침처럼 위험하고 역동적인 네모, 그야말로 맘몬 신의 가공할 만한 창조물이다.

신이 죽었다고 하는 세상에서 유일하게 살아남은 신이라는 말을 듣는 네모가 있다. 시대 따라 변모하긴 했지만 오늘날 보편적으로 통용되는 그의 형상은 단연 네모다. 그는 야누스처럼 두 개의 얼굴을 가지고 있다. 자체로는 무해하나 사용자에 따라 그 성격이 빛과 어둠으로 갈린다. 사람을 빛나게 하지만 안하무인의 지배자가 되기도 한다. 마실수록 목이 타는 바닷물처럼 가질수록 갈증을 불러일으키는 네모. 세상은 날마다 마법의 네모 때문에 울고 웃고 파도처럼 출렁인다. 어느새 인간사의 척도로 등극한 그의 이름은 '머니'다.

나도 머니가 좋다. 많으면 많을수록 좋겠지. 그럼 달력의 빨간 날마다 여행을 떠날 것이다. 순례자처럼 산티아고를 걷고, 몽골 사막에 누워 푸른 별을 바라볼 것이다. 마추픽추 산정에서 스러져간 잉카인의 마지막 숨결을 느껴 보는 것도 좋으리. 저 뜨거운 사바나 초원을 야생마처럼 달려보고 싶어라. 물론 가까운 이들에게 기운 나는 밥도 대접하고 양심이 불편하지 않을 만큼 불우한 이웃들에게 온정도 베풀어야지. 머니가 주는 달콤하고 허망한 꿈이여. 나는 자주 머니가 지닌 각에 찔린다. 각을 품고 어찌 찔리지 않으리.

누구도 피해 갈 수 없는 네모가 있다. 그는 세상의 모든 네모들을 압도한다. 관이다. 그는 인간의 한 생을 집어삼키며 무화시킨다. 오욕칠정에 갇혔던 생이 네모난 화구 안에서 철저히 산화된다. 한 줌 재가 되어 영면하는 장소도 네모 안치대다. 지지고 볶고 사는 방도, 현대인의 우상이라 일컬어지는 '스선생', 이 시대의 유일신 '머니', 생의 마지막

귀착지까지 모두 네모 형상이라니!

거울 앞에 선다. 네모의 거울 속에 네모 형 얼굴의 내가 서 있다. 보이지 않던 내 안의 각이 보인다. 나를 가둔 게 바깥의 각들만은 아니었던 게다. 완고한 내 안 사각의 방, 세월 덕에 허물어지긴 했지만 여전히 네 각이 선명하다. 갇힌 줄도 모르고 갇혀 살았다.

산다는 건 나를 가두거나 가두려는 것들 사이의 부단한 싸움이던가. 자유로 가는 길은 순탄치 않다. 인생은 고苦지만 Go이기도 한 것. 저 마지막 네모가 나를 가두는 그 순간까지 골몰하게 하는 것들과의 줄다리기를 마다하지 않을 것이다. 내 안의 각을 인정하고 더불어 살아가는 길도 모색해야지. 그래, 이러한 투쟁도 살아 있는 자의 특권 아니겠는가.

푸른 눈의 승냥이

 시골은 해 떨어지면 이내 한밤중이다. 먼 인가의 불빛만 아슴아슴할 뿐 적막하기 그지없다. 덕분에 듣는 귀가 한결 섬세해진다. 철마다 숨탄것들의 소리가 다르다. 그중에 섣달그믐 산부엉이 울음소리는 주문처럼 유년의 추억들을 불러낸다.
 한겨울 빳빳하게 풀을 먹인 광목 이불깃은 찼다. 손은 좀체 녹지 않고 발은 시렸다. 발목을 껑충 기어 올라온 낡은 엑스란 내복은 온기를 저장하지 못했다. 엎치락뒤치락 이불자락을 끌어당기며 동생과 실랑이를 벌였다. 이불은 펄럭거리며 바람을 일으켰고, 나는 눈알을 빼간다는 승냥이 흉내로 동생의 저항을 종결시켰다.
 이른 저녁을 먹은 날엔 밤참으로 동치미를 건져 먹었다.

살얼음이 떠 있는 동치미에선 사이다 맛이 났다. 그런 밤엔 두 번씩 일어나 오줌을 누어야 했다. 어디선가 부엉이와 승냥이 울음소리가 들려왔다. 대청마루에 놓인 요강에 앉아 오줌을 누면서도 눈은 자꾸 대문 쪽으로 갔다. 밖은 칠흑같이 어두웠고 나무대문은 수상쩍게 삐걱거렸다. 정신은 말똥해지고 머리끝은 쭈뼛 섰다. 미처 아랫도리를 추어올리지도 못한 채 방으로 뛰어 들어갔다. 문을 닫고 돌아서는 순간 뒷덜미를 잡아당기는 무섬증 때문에 앞으로 고꾸라졌다. 배를 눌린 동생은 소리를 지르고, 잠을 깬 엄마는 야단을 쳤다. 그래도 밤은 길었다.

뒤척이다 겨우 든 잠 속에서 승냥이를 만나 쫓기는 꿈을 꾸었다. 승냥이는 재주를 열두 번이나 넘으면서 나를 홀렸다. 나는 도망도 못 가고 서서 울었다. 이상하게 소리는 나오지 않고 목은 조인 듯 숨이 막혔다. 눈에 푸른 불을 켠 승냥이가 달려드는 순간 비명을 지르며 꿈에서 깼다. 어슴푸레 날이 밝아오고 있었다. 부엌에선 타닥타닥 군불 지피는 소리가 났다. 나는 한 번도 승냥이를 본 적이 없었다. 녀석에 대해 내가 아는 것이라곤 밤이면 들려오던 청승맞은 울음소리가 전부였다. 그럼에도 승냥이는 생생하게 두려운 존재였다. 엄마는 내가 말썽을 부릴 때마다 승냥이가 잡아갈 거라고 겁을 주었다. 모두가 잠든 사이 몰래 문을 열고 들어와서 나만 잡아갈 수도 있다고 정색을 하고 말했었다. 어느 밤에는 방문에 비치는 용마루 그림자를 보고 밤새 떤 적도 있었다.

이태 전 20년 만에 고향을 찾았을 때였다. 개울에서 같이 멱 감던 소꿉친구가 마중을 나와 주었다. 알아볼 수 있는 건 무릎이 까지도록 오르내리던 뒷산뿐이었다. 소나무 숲 그림자가 시커멓던 고향 산길엔 넓은 도로가 나고 아파트가 들어섰다. 휑하게 뚫린 도로는 화려한 네온사인으로 번쩍거리고 질주하는 차량의 경적들로 요란했다. 우리 집이 있던 자리엔 원조감자탕집이 들어서 있었다. 뒤울안의 향나무 두 그루는 흔적도 없이 사라졌고 키다리국화 흐드러지던 꽃밭도 자취를 찾을 길이 없었다.

"지금도 겨울밤이면 승냥이 우냐?"

"응? 어느 시절인데 승냥이를 찾아?"

"난 요즘도 이따금 승냥이 꿈을 꾸거든…."

수십 년 만에 고향을 찾아와 물어보는 말이 겨우 승냥이에 관한 것이라니, 친구는 황당한 표정으로 쳐다보았다. 나는 문고리에 손이 쩍쩍 붙게 춥던 겨울, 배탈이 나서 밤새 마당을 들락거리던 밤에 문틈으로 스쳤던 푸른빛을 잊을 수가 없다고, 그건 분명 승냥이의 눈빛이었다고 말하려다 그만두었다.

요즘은 겨울이 되어도 옛날처럼 춥지 않다. 이불은 말랑하고 종일 보일러가 돌아가는 실내는 내복을 입지 않아도 따뜻하다. 밤낮의 경계가 없어지고 야생의 소리가 사라진 집들에선 문명의 소음이 넘쳐난다. 밤은 더 이상 신비롭지 않고 아이들도 전설 같은 꿈을 꾸지 않는다. 세월이 흘러도 부엉이 울음소리에 이토록 마음이 끌리는 건 무한한 상상력으로 풍요로웠던 유년의 밤들을 오롯이 불러올 수 있기 때문이리라. 문득 허전하다. 긴 겨울밤, 겁 많은 아이의 잠을 설치게 만들었던 푸른 눈의 승냥이들은 모두 어디로 갔을까?

과녁

 화살이 허공을 향해 날아갔다. 팽팽하게 과녁을 조준하던 활시위가 갑자기 방향을 바꾼 것이다. 화살은 돌아오지 않았다. 허허롭게 하늘을 바라보던 사도세자가 탄식하듯 말했다.
 "허공으로 날아간 저 화살은 얼마나 떳떳하냐!"
 영조 임금이 새파랗게 젊은 왕비를 들였다. 세자의 문안인사는 왕가의 법도였다. 당시 그 일은 사도세자의 목숨을 부지해줄 만큼 중요한 사안이었다. '못이기는 체 얼굴 한 번 보고 나오는 게 무에 그리 어렵소.' 사정하는 비妃에게 세자는 한 말씀 내질렀다. "나는 그렇게 살기 싫다!" 목이 떨어져도 자존심은 지키겠다는 것이었으리. 완강한 틀을 가진 군주사회는 왕자의 자유를 용납지 않았다. 그는 끝내 아버지 영조와의 어긋난 관계 속에서 뒤주에 갇혀 죽었다.

 세상의 과녁이 지시하는 건 하나다. '부와 권력'에 명중하라. 정중앙이 아닌 언저리를 맞추는 것만으로는 미래를 보장할 수 없다. 이 땅의 푸른 나무들은 명중을 위해 새싹일 때부터 사생결단의 현장으로 내몰린다. 너도나도 그 고지를 향해 돌진하지만 목적지에 도달하는 사람은 극소수다. 과녁의 수상한 기미를 눈치 채고 방향을 바꾸려 할 때는 이미 너무 멀리 와버린 뒤다.

 청년 자살률 세계 1위에 노인 자살률도 세계 1위라고 한다. 과녁을 향한 경쟁에서 투지를 상실하고 일찌감치 생의 무릎을 꺾어버린 젊은이들. '이생망'의 자학적인 열패감 속에 고시원 쪽방에서 이십 대의 주검으로 발견되는 일은 이제 특별한 뉴스거리도 아니다. 절벽에 매달려 하루하루 간당거리는 삶을 살다 어느 날 고독사란 이름으로 뉴스에 오르내리는 노인들. 그 둘의 운명이 어찌 그리 닮은꼴인가.

 세상이 울퉁불퉁, 알록달록한데 어떻게 하나의 과녁으로 살 수 있단 말인가. 수단이 아니라 목표가 되어버린, 머니머니해도 머니라는 물신. 단하나의 과녁으로 집중되는 세상은 위태로울 수밖에 없다. 군주가 제 권력을 위해 다른 과녁을 인정하지 않듯 물신은 제 몸집을 키우기 위해 다른 과녁을 허용치 않을 것이다. 다양한 삶의 기회가 주어지고 자신에게 맞는 과녁을 찾아 화살을 쏠 수 있다면 지금처럼 유례없는 혼용무도昏庸無道의 지경은 면하지 않았을까.

무엇보다 슬픈 건 도달할 수 없는 하나의 목표에 가위눌려 불행해지는 사람들이 많다는 것이다. 다양한 삶의 방법이 존중되는 사회, 하나의 과녁에 맞추어 줄을 세우지 않는 사회, 수많은 일등이 존재하는 사회, 그래서 그 일등이 그다지 특별할 것 없는 사회, 그런 세상을 위해 자기만의 과녁을 만들 수는 없는 것일까.

불행은 단순히 과녁을 명중시키지 못했다는 데만 있지 않다. 상대적 박탈감에다 맞추지 못할 과녁을 향해 끊임없이 달려가야 한다는 압박감, 그럼에도 그것만이 살길인 양 무리에서 탈락할 것에 대한 두려움에 있다. 홀린 듯 선봉대를 따라 맹목으로 달리다 절벽 아래로 추락하는 동물들의 모습이 비단 그들만의 이야기겠는가.

사도세자가 허공으로 쏘아올린 한 개의 화살. '나는 그렇게 살고 싶지 않다'는 절규의 목소리. 그것은 어쩌면 내가 나로 살고 싶다는 결단의 몸부림이 아니었을까. 불안에 떨면서도 변화를 거부하는 안주 욕망, 타인의 불행에 대한 무관심과 이기심. 언젠가는 그런 것들이 우리 삶을 질식하게 할지 모른다. 현대판 뒤주인 머니의 과녁에 갇혀 명중에 목매고 허덕이다 죽게 될지도 모른다.

허공에는 과녁이 없다. 모든 것을 무화시키는 허공, 어쩌면 그 때문에 원초적인 생의 질문으로 되돌아가게 되는지 모른다. 아득한 허공에 나를 던져보는 용기, 거기엔 세상 틀에 얽매이지 않은 무위의 기쁨이 있다. 스스로 나아갈 방향을 찾겠다는 자유의지가 있다. 그 자유 속에서 세상의 과녁을 분별하고 제 위치에 둘 줄 아는 힘을 기른다.

  이제라도 나만의 과녁을 향해 화살을 쏘고 싶다. 더 이상 세상이 정해놓은 단 하나의 과녁에 목숨 걸고 싶지 않다. 그러려면 먼저 모든 것을 보장해 줄 것이라는 저 과녁의 환상에서 깨어나야 하리라. 영화 속 비운의 세자가 허공으로 쏘아올린 화살의 의미가 새삼 가슴에 와 박히는 날이다.

시선

하나

청년의 시선이 허공에 멈춰 있다. 곁에 선 마네킹만큼이나 무표정하다. 지하상가 12호. 두 칸 점방이 그의 밥줄이다. 사람들이 무심하게 그를 스쳐 간다. 흘깃 가게 안을 들여다본다. 곱슬머리 남자가 스마트폰에 고개를 박고 다리를 들까불고 있다. 저녁 장사를 해야 할 시간, 어깨를 늘어뜨린 채 허공을 배회하는 청년의 시선이 눈에 밟힌다

열 번도 넘게 청년이 있는 가게 앞을 지나쳤을 것이다. 지하철을 타기 위해 거쳐 가야 하는 곳이다. 지하상가엔 수백 개의 밥줄들이 밤낮으로 불을 밝히고 있다. 미로 같은 통로에 빼곡하게 들어선 점방들. 재치 넘치는 유혹에 눈물겨운 하소연까지, 손님의 눈길을 끌기 위한 작전들이 치열

하다.

 그 가게에 손님이 드나드는 걸 본 적이 없다. 내가 지날 때마다 그는 늘 가게 밖에 있었다. 그날도 그랬다. 청년은 팔등신 마네킹 옆에 서서 초점 없는 눈빛으로 먼 데를 바라보고 있었다. 하늘 대신 만국기 같은 간판들만 현란한 지하상가. 패기 넘쳐야 할 젊은이의 눈빛에서 바닥을 읽는 일은 우울하다.

 사람들이 가끔 가자미눈으로 가게 안을 바라보긴 했으나 그뿐. 흔히 그렇듯 눈이 마주칠세라 서둘러 지나쳐 갔다. 손님의 등을 좇던 청년의 눈길은 허망하게 바닥을 사선으로 더듬다 제자리로 돌아갔다.

 나는 웃음이 사라진 그의 얼굴에서 12호 점방의 앞날을 예감했다. 차마 청년의 앞날까지 헤아리는 일은 할 수 없었다. 나는 그 앞을 지나는 무심한 행렬에 끼어 빌었다. 바닥은 꿈을 묻고 꿈을 일으켜 세우는 자리란 걸 알 때까지 그가 버티게 해 달라고.

둘

 아버지 레오폴트 모차르트는 말한다. 다시 내게로 돌아와 달라고. 세상에 홀로 나가기엔 넌 너무 어리다고. 아들 모차르트는 절규하듯 외친다.

 "난 다른 사람 될 수 없어. 나는 당신이 될 수 없어. 아버지가 원하는 삶 아닌 그냥 내가 되겠어… 돌아가지 않아. 계속 나의 길을 가고 싶어."

있는 그대로 자기를 사랑해 주기를 바라는 모차르트와 언제나 천재성만을 요구하며 주어진 작곡활동을 강요하는 아버지의 엇갈린 시선이 팽팽하다. 끝내 거리를 좁히지 못한 두 사람. 아버지는 분노 끝에 아들과 결별하고 아버지로부터 자유를 얻은 아들은 새로운 삶 속에서 온갖 수난을 겪는다.

권력자 콜로레도 대주교의 시선은 오직 자신의 명성을 위해 모차르트를 이용하는 데 있고, 베버부인의 시선 역시 모차르트에게서 돈을 얻어내는 데 초점이 맞춰져 있다. 모차르트의 천재성은 끝내 왜곡된 시선을 가진 사람들에 의해 파괴되고, 죽어서까지 철저하게 상업적인 시선 때문에 편히 쉬지 못한다.

시선이란 얼마나 엄청난 권력인가. 내 시선으로 자유롭게 산다는 것, 그 여정은 또 얼마나 고독하고 험난한가. 뮤지컬 '모차르트'를 통해서 시선의 차이가 구속과 폭력이 되는 것을 본다. 그럼에도 나의 시선으로 살아야 한다는 것, 그것은 어떤 고통을 감수하고서라도 지켜내야 할 가치라는 것을 깨닫는다.

셋

 독산역에서 출발하는 지하철은 모두 안양을 거쳐 간다고 생각했다. 확인한 사실이 아니면서도 그에 대한 내 믿음은 굳건했다. 텅텅 빈 좌석을 보면서 환호작약했을 뿐 별다른 의심을 하지 않았다. 출발해서 두 정거장쯤 지났을 때 "이 차량의 종점은 광명역이며 두고 내리는 물건이 없도록 주의하라"는 안내방송을 듣고서야 내가 탄 차가 목적지로 가지 않는다는 사실을 알아차렸다.

 광명역은 KTX가 출발하는 별도의 역이었다. 안양으로 가려면 다시 구로 쪽으로 거슬러 올라갔다 내려와야 했다. 좀 쉽게 간다고 버스 대신 지하철을 이용한 터였다. 다시 서울 방향으로 돌아가는 건 내키지 않았다. 건물 청소를 하고 계시던 아저씨에게 물어서 안양 가는 버스 정류장을 알아냈다.

 버스는 이 마을 저 마을을 두루 거쳐 한참 만에야 나를 목적지에 내려놓았다. 예상했던 시간보다 두 배나 더 걸렸다. 설상가상 내가 타려던 시외버스도 막 떠나서 두 시간 가까이 기다려야 하는 상황에 직면했다. 새삼 고정관념에 갇힌 내 시선을 탄식했다. 고지식한 사고 때문에 겪은 불편이 한두 번이 아니었던 것이다. 비단 잘못 탄 차뿐이랴. 인생의 행불행도 시선에 좌우되는 일이 얼마나 많던가.

 고지식한 시선에 잠시 쉼표를 찍는다. 언제나 직진, 직선을 기대하던 나의 조급함이 보인다. 누구도 가파른 오르막과 내리막이 중첩된 인생길을 가로 질러 갈 수는 없다. 중요한 건 직선과 곡선을 아우르는 자유로운 시선 아니겠는가. 천성을 바꿀 수는 없겠지만 시선만큼은 새처럼 자유롭게 나는 꿈을 꾼다. 발칙한 상상 속으로 무수한 길들이 열리는 듯하다.

수탉에 관한 연구

"우리 집 수탉이 좀 별나다우. 밤새 편안헐지 모르겄소."
 잠자리에 들기 전 주인이 한 말이었다. 흘려들은 그 말의 심각성을 깨닫는 데는 그리 오래 걸리지 않았다. 뒤척이다 겨우 잠이 들려는 순간, 귀청을 찢는 듯 날카로운 수탉의 울음소리가 들려왔다. 목청은 제법 틔었으나 지독한 음치라고밖에 할 수 없는 괴이한 소리였다. 대개는 길게 올려 지르고 꺾어서 시나브로 수그러들기 마련이었다. 녀석은 어찌된 일인지 끝날 즈음 한 번 더 목청을 돋우는데 그 소리가 영 귀에 거슬렸다. 그때 나는 수탉도 사람처럼 저마다 목청이 다르며 울음소리 또한 각기 다르다는 걸 알았다. 문제는 일이 분 간격을 두고 몇 마리가 교대로 돌아가며 운다는 것이었다. 청정한 서귀포 바람으로 목청을 다듬은 덕인가, 녀석들의 합창은 귓바퀴를 열 두 번이나 진동시킬 만큼 카랑카랑했다.

소리도 기운이 있어야 지르는 법, 길어봐야 한 시간이면 족하리라 여겼으나 웬걸 녀석들의 울음소리는 좀체 끝날 기미를 보이지 않았다. 그래, 새벽 수탉 울음이 열 번이 넘으면 그해 풍년이 든다지 않더냐. 해골바가지 물도 분별없이 먹으면 단물이 된다더라. 모든 것이 마음먹기에 달린 것이라 했으니 내 마음을 바꿔볼밖에. 수행하듯 곤두서는 신경을 다독여 보았으나 수탉들의 울음소리는 귓속까지 파고들었고, 어쩌다 개까지 코러스를 넣는 바람에 안락한 밤은 일찌감치 물 건너가고 말았다.

이따금 바깥주인이 일어나 개를 나무랐다. 서너 번 주인이 호통을 치면 컹컹 짖어대던 개는 이내 조용해졌지만 수탉들은 아랑곳하지 않았다. 나는 주인이 왜 줄창 울어대는 수탉은 놔두고 어쩌다 짖어대는 개만 나무라는 것인지 궁금했다. 순간 떠오른 것이 '닭대가리'였다. '못 알아듣는 게 틀림없어. 그렇지 않고서야 저렇게 내버려둘 리가 없지. 닭대가리란 말이 괜히 나왔겠냐구. 이것이 바로 닭대가리의 실체로구나. 그렇다면 닭대가리를 상대로 씨름을 하는 나 역시 닭…?' 슬며시 자존심이 상해 생침을 삼키는데 뒤척이던 나 씨가 말을 꺼냈다.

"수탉은 일당 오십의 카사노바야. 저 녀석들 분명히 공급이 모자라 시위하는 걸 거요."

"거 무슨 말요?"

창가 쪽에 누웠던 필녀 씨가 말을 받았다.

"에너지는 과잉인데 상대가 모자란단 거지."

"지금이라도 당장 확인해 보슈. 암탉 숫자가 턱없이 모자랄 거요. 대장 수탉 아래 애송이 수탉이 있을 거고 녀석은 필경 제 차지가 되지 않는 암탉들을 향해 구애의 몸부림을 치는 걸 거요."

이불 속에서 끙끙대던 네 사람은 모두 "클클클" 웃음을 터뜨리고 말았다. 일당 오십의 비율이 과연 수컷의 위대한 과업을 위한 것인지, 알을 얻기 위한 인간의 영악하고 잔인한 의도에 따른 것인지 확인할 길은 없었으나 얼추 의견이 비슷한 걸로 보아 영 근거 없는 말은 아닌 성싶었다. 어쨌거나 녀석의 사정이 제아무리 급하기로 날이 밝을 때까지 울어대기야 하겠냐 싶었으나 끝내 녀석들의 울음 속에 날을 새고 말았다.

일어나자마자 사실 확인을 하고 싶어 닭장으로 달려갔다. 오 마이 갓! 날밤을 홀딱 새고도 녀석들은 지친 기색 없이 암탉들의 꽁무니를 쫓고 있었다. 상황을 눈치 챈 주인이 달려 나와 무안한 얼굴로 말했다.

"잠덜 못 잤구먼. 글쎄 내가 진작 잡아먹쟤두 영감이 고집을 세우는 통에…."

"암탉이 몇 마리에요?"

"자식덜 올 때마다 한 마리씩 잡아먹구 열두 마리 남았다우."

"그럼 수탉은 몇 마리에요?"

"세 마린데 전엔 이렇게꺼정 안 심하더니 암탉 숫자가 줄고부터 저리 밤낮으로 울어대네그려."

대충 계산을 해봐도 일당 넷, 오십에 비하면 턱없이 모자란 숫자였다.

"수탉들이 연신 쪼아대는 바람에 암탉들이 쪼그라들었어. 알도 조그맣고 많이 못 낳더라구. 허허."

지난밤 나 씨의 말이 허풍만은 아니었다. 주인 말에 의하면 보통 유정란을 얻기 위해서는 수탉 한 마리에 암탉 열두 마리를 넣어준다고 한다. 오호라. 수요에 비해 공급이 적으니 보충해 달라고 밤낮 시위를 한 셈이었다. 더군다나 애송이 수탉은 대장의 눈치를 보느라 더욱 몸이 달은 처지였을 터였다. 수탉들은 자신의 본능에 충실한 것일 뿐 죄가 없었다. 어찌 나그네 사정이 제 사정을 당하랴. 녀석들은 모가지를 비틀어도 공급의 균형이 맞을 때까지 시위를 그치지 않을 것이다.

궁금한 건 이런 불편부당한 처지에 대하여 암탉들은 반항 한번 하지 못하고 구시렁대며 내빼기만 한다는 것이었다. 숫자만 보더라도 결코 열세는 아니었다. 한번쯤 혁명을 꿈꿨더라면 닭의 역사가 달라지지 않았을까. 암탉이 울어도 세상은 결코 망하지 않는다는 걸 그들은 아직 모르는 모양이었다. 여전히 개벽은 멀고, 오늘도 계관鷄冠을 흔들며 서귀포 박 씨네 수탉들은 목청껏 울어 젖힌다. "꼬끼오오 끄으으!"

미완의 사랑법
잃어버린 동굴을 찾아서
탁구공의 관전기
완장
가위
벼랑 끝에 피는 꽃
떠나지 못하는 사람들
침묵에 대하여
청소역
밥

미완의 사랑법

 속절없이 지는 게 붉은 꽃뿐일까. 얼굴도 기억나지 않는 내 풋사랑이 그렇고, 몽매夢寐도 잊을 수 없을 것 같던 내 두 번째, 세 번째 사랑도 그러하다. 사랑은 언제나 첫사랑이었고 첫 그때처럼 변덕스럽고, 안타깝고, 서툴고, 수줍다. 어떤 것에선 박재의 메마른 시간이 만져지고 어떤 것에선 미처 가시지 않은 슬픔의 냄새가 난다. 끝내 완료되지 못한 채 저쪽의 그리움이 되어버린 기억들을 호명해본다.

 여자가 남자의 침묵에 주석을 단다. 본문을 압도하는 긴 주석, 현란한 수사가 펼쳐진다. 말들은 대상에 가 닿지 못하고 공중부양하다 쓸쓸한 잔해가 되어 허기를 부추긴다. 말들이 지시하는 목적은 단순명료하다→ 사랑. 본문보다 주석이 더 구구절절하다.

남자는 여자의 주석을 제대로 읽지 못한다. 화려한 수사와 어지러운 맥락의 독법 앞에 길을 잃고 좌절한다. 용케 독법에 성공했다 해도 그를 인도하는 건 십중팔구 수컷의 본능이다. 사랑에 관한 남자의 논리 또한 단순명료하다→ 소유와 정복. 주석은 깔끔하게 생략한다.

여자가 주석에 다시 해석을 추가한다. 이번에는 축약해서 직설화법으로 던진다.

"사랑해~ 콜?"

그제야 말귀를 알아들은 남자가 헤벌쭉 웃는다. 그게 전부다. 저 원시 정복자의 유전인자를 소유한 사내의 단세포적 뻔뻔한 웃음이라니. 유치한 화법의 역설이여.

질투는 날카로운 스펙트럼을 가진 감정이다. 게다가 여자의 질투는 육감적이고 정확도가 높다. 자기 방어 수단이 약할수록 강도도 높아진다. 섬세하게 다루지 않으면 돌연 발암물질로 변할 수 있는 위험 인자이기도 하다. 사랑의 파국이 여기에서 비롯된다는 사실을 명심할진저.

질투는 여자만의 전유물인가. 아니다. 셰익스피어의 오셀로는 질투와 오해 때문에 파멸한 인물이다. 질투에 눈멀어 사랑하는 아내를 죽이고 자신도 자살했다. 질투를 해석하는 서로의 시선에 합의점을 찾는 일은 가능할까. 그 치명적 결함마저 사랑의 한 형태로 어루만져야 한다면 너무 낭만적인가.

남자는 가끔 자기만의 동굴에 숨는다. 고독한 짐승처럼 웅크리고 자기를 살핀다. 당당하던 뿔은 꺾이고 태산 같던 긴각은 후들거린다. 뜨겁던 가슴은 식고 용맹은 사그라져 예전의 기세를 찾아볼 수 없다. 남은 건 왕년의 쥐뿔만 한 자존심뿐.
여자는 더 이상 고분고분하지 않다. 동굴 밖의 세상을 정면으로 직시한다. 여전히 사랑에 목말라 하지만 그것을 제 위치에 둘 만큼 영악하다. 성과 사랑이 하나일 수 있음을 인정하지만, 짜릿한 쾌락보다 따뜻한 유대에 더 방점을 찍는다. 이젠 내숭보다 솔직함이 자연스러워지는 나이다.

하이데거의 말처럼 인간은 누구나 절대 타자의 존재다. 당신은 '거기' 있고 나는 '여기' 있다. 아무리 사랑하는 사이라도 한 몸 같은 하나는 될 수 없다. 평생 살아도 한 번도 만나지 못한 관계일 수 있는 것이다. 뜨겁게 한 몸으로 섞이고 영원을 약속해도 그 둘을 가르는 타자성, 개별성을 벗어날 수는 없다. 거기와 여기 사이의 심연은 모든 인간의 운명인지 모른다. 그것은 인간의 독특한 존재성이면서 불완전성이다. 저쪽의 그리움은 욕망의 들끓음이 가라앉은

미완의 삶에 한 가닥 위로 같은 것. 끝내 제 것이 되지 않는 존재를 끌어안고 헐떡이며 생의 심연을 건너는 인간이여.

 생의 피투성被投性이 부여하는 무방비의 운명 속에 사랑은 또 한 번의 속수무책이리라. 그냥 던져지고 그냥 겪어내며 그냥 살아낼 뿐이다. 사랑은 온갖 과대포장을 걷어내고 진짜 고갱이를 얻기 위한 시간의 시험을 치른다. 그 사랑이 있어 사막에 꽃 핀다. 환상을 걷어내고 본질을 들여다보는 일은 쓸쓸하지만, 비로소 정직하게 사랑할 수 있다면 그로써 족하다.

잃어버린 동굴을 찾아서

"동굴은 신의 음성을 듣는 곳이다."

한 철학 교수의 말이 나를 자극했다. 신은 인간을 가리키며, 신의 음성이란 바로 자신 내면의 소리라는 것이었다. 사람이 신이라니, 동굴과 신의 음성은 또 어떤 관계란 말인가.

호기심이 발동해서 선사시대에 그려진 알타미라와 라스코, 쇼베 동굴의 벽화를 영상으로 찾아보았다. 울퉁불퉁한 벽면을 이용해 그린 동물 그림은 풍부한 색채와 섬세한 세부 묘사, 실물 같은 생동감으로 쓰리 디 영상 효과를 연출하고 있었다. 크로마뇽인들의 솜씨라고는 믿을 수 없을 정도로 놀라운 미학적 완성도가 느껴졌다. 동굴 답사 후 피카소가 '모든 문명은 알타미라 이후 쇠퇴했다'라고 극찬한 것도 과언은 아니지 싶었다.

동굴은 단순한 공간이 아니었다. 예언자들이 신의 계시를 받고 제사 의식을 행하던 종교적 무대였다. 곰이 인간이 되고 신화적 존재가 된 신비의 장소이기도 했다. 플라톤의 동굴처럼 의미심장한 통찰력을 던져주는 상징적 동굴도 있었다. 하루 네댓 시간 명상을 통해 얻은 영감으로 세계를 스마트폰에 넣었다는 천재 스티브 잡스. 그 동굴은 철저하게 자신과 마주하는 내면의 동굴이었다. 그야말로 자기 안의 상징적 동굴의 가치를 잘 알았던 인물이었지 싶다. 이들은 모두 동굴이라는 자기 세계 속에서 확고하게 자기만의 길을 간 사람들이라는 공통점이 있었다.

동굴의 중의적 의미를 탐색하다 잃어버린 내 안의 동굴을 찾아 나섰다. 나는 어머니의 자궁을 통해 세상에 왔다. 타원형의 공간, 좁은 통로, 혼자만의 세계. 자궁과 동굴은 닮은 구석이 많았다. 어머니의 자궁은 내 최초의 물리적 동굴인 셈이었다. 따뜻하고 아늑했으나 궁핍과 불안으로 그늘지기도 했을 자궁. 그때 나는 하나의 가능성, 하나의 세포에 지나지 않았다. 놀랍게 펼쳐지는 생명의 파노라마에 내가 할 수 있는 일은 없었다. 생성과 파괴의 이중적 의미를 지닌 자궁을 찢고 모태와 결별한 그때가 내 생애 가장 역동적 순간이었을 것이다.

자궁 밖 세상은 내게 또 다른 의미의 거대한 동굴이었다.

그 동굴은 살벌한 투쟁의 장이었다. 죽을 때까지 시시포스의 운명을 피하지 못했다. 안주의 비결은 있었다. 기존의 동굴 법규에 길들여지면 되었다. 그 틀이 전부라 믿고 살면 되었다. 시기와 우연이 우열을 가리던 낭만적 시절도 있었으나 자본주의가 득세하면서 유일신의 지위는 오로지 자본에게 돌아갔다. 영민한 자들은 더러 회의를 품기도 했으나 거대 동굴의 완강한 권력에 반역을 꾀하기는 쉽지 않았다.

거대 동굴의 불빛은 현란했다. 흐린 눈으로 한동안 세상의 허방을 헤매었다. 욕망, 주체, 열정, 사랑, 자본, 권력의 깃발이 제각각의 색깔로 난무했으나 내겐 그림자처럼 잡히지 않는 그 무엇이었다. 차라리 몽매하던 저 자궁의 안주가 그리울 때도 있었다. 눈은 동굴 밖을 갈망했으나 몸은 무지의 사슬을 끊지 못한 거대 동굴의 노예 상태였다.

나는 천성적으로 동굴성 성향을 지닌 사람이었다. 그러나 내면의 동굴 세계는 단단한 내공이 준비된 자들, 고립과 가난을 두려워하지 않는 자들의 것이었다. 멀리서 동굴이 가져다줄 저 서늘하고 순수한 자유의 기쁨을 예상하며 몸을 떨기도 했지만 동굴에 입문하지는 못했다. 지천명의 고개를 넘어서야 내 의존성에 그 이유가 있음을 알았다. 여전히 어머니의 자궁을 벗어나지 못하고 있었던 것이다.

나는 모태회귀 자세로 숙고했다. 타인의 인정을 갈망하는 수평적 동굴 파기만 계속한 탓에 수직으로 자신을 향해 파내려가는 일은 쉽지 않았다. 자기 안의 동굴은 고독을 거름으로 존재의 뼈대를 만드는 공간이었다. 나는 고독이 발효되는 카오스의 시간을 견디지 못했다. 관계의 금단 증상을 견디는 일은 고통이었다. 이전으로 돌아가려는 관성의 욕구도 형리처럼 가혹했다. 한 인간의 내공은 고독을 어떻게 승화시키는 가에 달려 있다 해도 과언이 아닐 듯싶었다.

영혼을 주눅 들게 하는 타인의 시선, 권력의 허깨비와 싸우는 일도 두려웠다. 온갖 주장과 신념의 소음들로부터 자신의 소리가 왜곡되고 묻히는 것에 태만했다. 혁혁한 업적을 세우겠다고 발품을 팔지는 않았으나 그 경계에서 벗어나지도 못했다. 업적을 기준으로 인간을 평가하는 거대 동굴의 야만성에 오래도록 포획되어 살았다. 자기 안의 별이 아니라 바깥, 타자에게서 별을 찾아 헤매었다.

먼 길을 돌아 다시 동굴에 드는 일은 아득했다. 별은 보이지 않고 폐허엔 적막이 가득했다. 자신과의 독대 속에서 질기게 맹아盲我를 뚫고 나아가는 시간을 보냈다. 눈을 감아야 보이는 빛, 귀를 닫아야 들리는 소리가 있었다. 이순 고지에 이르러 겨우 만나는 '신의 음성', 내 안의 진짜 목소리. 그래, 폐허에 꽂는 깃발일지라도 오롯한 자기 생의 시작일 수 있다면 그로써 족하다.

탁구공의 관전기

나는 매 맞기 위해 태어났다. 매란 매는 죄다 맞아 보았을 것이다. 내려치고 올려치는 매, 칼로 베듯 날카롭고 어르듯 부드러운 매, 골탕용 속임수 매에 분풀이용 무데뽀 매 등등. 운명이라 순응하니 괴로움은 없었다. 그러나 매에도 품격이 있는 법, 약자를 골탕 먹이는 매에는 반기를 들었다. 다양한 매를 통해 터득한 나름의 인간학은 탁구공 인생의 백미였다.

제대로 임자를 만나 이름을 떨친 친구도 있었으나 대개는 평범하게 일생을 마감했다. 내 운명의 출발 역시 보통의 범주를 벗어나지 않았다. 주인을 만나게 된 첫날 직감으로 그 사실을 알아챘다. 원하던 바이긴 했으나 나의 주인 노여사는 너무 정석을 고집했다. 놀이판에서의 정석이란 얼마나 따분한 노릇인가.

 인간은 단순반복적인 동작엔 금방 싫증을 내는 존재였다. 놀이에 있어선 더욱 그랬다. 단순히 치고받는 연결 기술로는 결코 만족하지 않았다. 그 때문에 다양한 기술들이 고안되었을 터였다. 기술의 차이가 우열과 희비를 가렸다. 극대화된 기술만큼 쾌락지수도 높아졌다. 덩달아 나도 순간순간 아찔하고 몽롱할 때가 많았다. 영리하고 배짱 있는 사람들은 기본과 기교 사이의 미묘한 경계를 현란하게 넘나들었다.

 나의 주인은 그런 우열이나 경쟁에 관심이 없었다. 지극히 기본에 충실했고 그것도 정석을 벗어나지 않는 범위 내에서 기술을 운용했다. 놀이라 해도 그것이 바람직한 관계의 범주를 벗어나선 안 된다는 데 초점을 맞췄다. 그 말은 상대방을 불쾌하게 하지 않는 범위까지 배려한다는 뜻이었다. 허용된 기술이라도 그것이 상대를 압박하거나 불쾌하게 한다면 기꺼이 자신이 즐길 수 있는 쾌락을 접는다는 게 노 여사의 오지랖이었다.

 그러다보니 갑갑한 일이 벌어지기도 했다. 노 여사는 온전히 게임을 즐기지 못했다. 기회가 와도 좀처럼 스매시를 하지 않았다. 아직 상대가 그걸 감당할 만큼 노련한 단계가 아니라는 생각 때문이었다. 무엇보다 상대에게 공이 사정없이 내리꽂힐 때의 낭패감을 느끼게 하고 싶지 않았다. 게임의 스릴보다는 상대의 마음을 안 다치게 하는 게 더 중요하다고 믿었다. 혹여 노 여사가 치열한 승부 세계에 대한 두려움을 그렇게 포장하고 있는 건 아닐까 싶을 정도였다.

단골 멤버인 한 여사는 생각이 달랐다. 온전히 즐기자 주의였다. '못 먹어도 고'였다. 강력한 스매싱으로 공이 테이블을 치고 벽을 칠 때 하이 톤의 환호성을 질렀다. 열 번 실패하고 한 번 성공해도 온몸으로 환호작약했다. 상대의 기분이야 내 알 바 아니었다. 게임의 규칙만 지키면 될 뿐, 승패의 희로애락은 각자가 감당해야 하는 게 냉엄한 승부의 세계라는 걸 당연하게 받아들였다. 한 여사의 때리기엔 힘이 있고 스릴이 있었다. 가려운 구석을 제대로 긁어주었다. 물론 약한 상대를 골탕 먹이려는 한 수를 둘 때도 있었다. 그럴 때 나는 살짝 한 여사의 라켓을 빗나가 낭패를 안겨주기도 했다. 나의 주인과 비교가 되었다. 확실히 노 여사의 놀이 방법은 싱거운 구석이 있었다.

나는 속도와 방향에 아주 민감했다. 다양한 타법의 성질을 온몸으로 체득한 결과였다. 힘의 강약조절과 몸의 유연함이 승부의 관건인 것은 당연했다. 타법을 보면 속도와 방향에 실린 그 사람의 속마음까지 읽을 수 있었다. 사실 게임은 두 사람의 치열한 감정 대결이기도 했다. 게임의 본질상 경쟁은 피할 수 없더라도 페어플레이의 정신을 보는 건 사물에 지나지 않는 나로서도 마땅히 기대하는 바였다.

드디어 일이 터졌다. 복식 게임에서 나의 주인이 내기 게임을 거절한 것이다. 지나친 경쟁과 긴장이 부담스럽다는 이유였다. 노 여사의 의견은 4:1로 부결되었다. 그녀는 당혹스러운 기색을 감추지 못했다. 게임에서 빠지겠다고 라켓을 내려놓았다. 분위기가 썰렁해졌다. 세 사람이 나서서 설득했으나 노 여사는 고집을 꺾지 않았다. 못이기는 체 슬그머니 응해야 하는 시점마저 놓치면서 그만 소갈머리 없는 여편네가 되고 말았다.

게임에는 다른 사람이 투입되었다. 노 여사는 차마 자리를 떠나지 못한 채 게임을 지켜보았다. 표정은 의연한 척했으나 속은 콩 볶듯 들볶이고 있었다. 그토록 배려를 주장하던 사람이 결정적인 순간에 이런 밴댕이가 되다니. 결국 착한 인간도 못 되고 게임도 온전히 즐기지 못한 자신이야말로 제로섬 게임을 했던 게 아닌가 싶은 자괴감에 휩싸였다.

상황을 만회하기 위한 노 여사의 고심은 계속되었다. 이미지 손상과 자존심의 상처를 최소화할 수 있는 방법이 무엇인지에 대한 노심초사일 터였다. 마침내 무언가 결심한 듯 노여사의 표정이 안정을 되찾았다. 게임이 끝나고 사람들이 자리로 돌아왔을 때 나의 주인은 진지하게 사과했다. 저녁내기 짜장면 값까지 흔쾌하게 치렀다.

그날 밤 노 여사는 오래 잠자리를 뒤척였다. 놀이든 관계

든 정석을 견지하겠다는 생각에는 변함이 없었다. 그러나 무엇이 정석인가에 대한 판단은 좀 더 신중해야 한다 싶었다. 정석이라 해도 범주 내에서 융통성을 발휘하는 일은 얼마든지 가능하고 그것이 삶을 보다 원만하고 풍요롭게 한다는 데는 이의가 없었다. 놀이를 놀이로 즐기지 못하고 확대해석하는 고지식한 스타일에 문제가 있다는 생각이 들었다. 즐거운 소통을 방해하는 정석이라면 그게 무슨 의미가 있겠는가.

다음 날, 노 여사의 몸동작이 확 달라졌다. 자유분방한 드라이브엔 활기가 넘쳤다. 덩달아 나도 신명나게 공중을 날아다녔다. 마침내, 노 여사가 나를 상대의 테이블에 폼 나게 내리꽂았다. 정석이라는 자신의 고정관념의 한 모서리를 깨는 통쾌한 스매싱이었다. 공을 놓친 한 여사의 두 눈이 휘둥그레졌다. 노 여사는 어깨를 으쓱했다.

"흠, 이 맛이었군!"

완장

 나는 일찍부터 어린 동생들을 부려 먹었다. 들에 나간 부모님은 저물녘에야 돌아왔고 그동안의 집안일은 맏이인 내가 알아서 했다. 방학이면 집안 청소는 물론 쇠죽을 끓이고 밥 짓는 일까지 해야 했다. 열세 살 아이가 감당하기엔 버거운 일들이었다.
 막내 남동생에겐 쇠죽솥에 불 때는 일을 시켰고, 바로 아래 여동생에겐 대청마루 닦는 일을 시켰다. 나는 저녁쌀을 씻어 안치는 일을 맡았다. 깜냥으론 일의 경중에 따른 분배였는데 동생들은 무척이나 억울한 표정이었다. 밥을 안치는 일은 물대중이 까다롭다는 것 말고는 그리 큰 힘이 들어 보이지 않기 때문이었다. 쇠죽을 끓이는 일은 단순했으나 김이 오르기 시작해서 여물이 흠씬 익을 때까지 불을 때는 일은 시간이 오래 걸렸다.

대청마루를 닦는 일은 그중 만만치 않았다. 열한 살이던 여동생은 은근히 꾀가 많고 당찬 성격을 지니고 있었다. 물기가 덜 빠진 걸레를 쭉쭉 밀고 몇 번 왔다 갔다 하는 걸로 청소를 끝냈다. 건성건성 하다 보니 물기가 마르고 나면 얼룩이 남았다. 나는 걸레를 빨아 던져주며 땟물 자국이 없어질 때까지 다시 닦으라고 명령했다. 동생은 들은 체 만 체 뭉긋거렸고, 나는 제대로 일을 마칠 때까지 보초를 섰다.

여름방학이 끝나갈 무렵이었다. 얼렁뚱땅 청소를 끝낸 동생을 나무라며 다시 닦으라고 하자 못 하겠다며 앙살을 했다. 삼세번의 기회를 주었지만 꿈쩍도 하지 않았다. 나는 들고 있던 마당비로 동생의 등짝을 후려쳤다. 동생은 얼굴이 시뻘개져서 대들었다. 내가 재차 빗자루를 치켜 든 순간, 갑자기 동생이 시렁에 있던 쥐약봉지를 집어 들었다. "죽어 버릴 테야!"

소리를 지르며 봉지를 뜯는 시늉을 했다. 머리끝이 쭈뼛 섰다. 동생의 팔을 휘어잡고 약봉지를 빼앗아 던졌다. 동생은 땅바닥을 구르며 악을 쓰고 울었다.

지금 생각해도 가슴 철렁해지는 일이었다. 동생의 맹랑하고 대담한 행동은 언니의 부당한 권력에 대한 본능적인 저항이었을 것이다. 그 사건은 확실하게 사태를 역전시켰다. 그 날 이후 나는 다시는 동생들에게 손찌검을 하지 않앉다. 여동생은 설렁설렁 비질만 했고, 대청마루를 닦는 일은 오롯이 내 몫이 되었다.

얼마 전 중년이 된 여동생과 뮤지컬을 보러 갔다. 결혼을 하고 중년이 되도록 둘이 만나는 일은 처음이었다. 은근히 마음이 설레었다. 내심으론 손을 꼭 잡고 다정하게 걷고 싶었으나 왠지 그러질 못했다. 살붙이에 대한 애틋함이 이런 거구나 싶으면서도 행동은 데면데면, 맨송맨송해서 안타까웠다. 우리는 더 이상 그 옛날 한 이부자리 속에서 치고받고 싸우던 어린 자매가 아니었다. 결벽주의에 완벽주의자였던 나는 삶의 수많은 굽이를 돌아 두루뭉술하게 타협할 줄 아는 중년이었고, 동생은 억척스러운 기질대로 삶의 기반을 탄탄하게 갖춘 당당한 아줌마였다.

알 수 없는 일이었다. 일식집에 앉아 품위 있는 식사를 즐기면서도 마음은 내내 생선 한 토막을 놓고 다투던 그때를 더듬고 있었다. 눈을 흘기며 대들던 동생이 그리웠다. 그땐 자매지간의 시샘이 있었으나 솔직했고 벽이 없었다. 동생은 깍듯한 대접에 뭐든 나를 먼저 배려했다. 감칠 맛 도는 생선살을 배터지게 집어먹으며 주고받은 일상의 말들도 왠지 허전했다. 끝내 손 한 번 잡지 못한 채 헤어져 돌아오면서 가슴 한쪽이 시렸다.

동생은 아마 그때 일을 까맣게 잊고 있을지 모른다. 용서를 빌고 싶은 적도 있었지만 공연히 상처만 덧나게 할까

봐 두려웠다. 내게도 무참하게 맏이의 위세를 꺾인 당시의 기억은 가볍지 않은 상처였다. 내 안의 폭력성과 맏이로서의 체질적인 권위의식을 인정하는 일도 그렇거니와 영 멋쩍을 고백의 과정은 적잖이 용기가 필요했다. 맞은 자는 오금을 펴고 자고 때린 자는 오그리고 잔다던가. 난 여전히 그때 일로 한구석 심정의 지기를 펴지 못하고 있었다.

아버지는 형제 우애가 맏이의 본에 달려 있다고 가르쳤다. 그 본이 행동을 의미한다는 것을 깨닫기엔 너무 어린 나이였을까. 나는 본을 보이는 일보다 가르치고 다스리는 일을 먼저 배웠다. 게다가 집안의 위계질서는 분명했고 그 덕에 동생들은 어려서부터 완고한 맏이의 간섭과 닦달을 받아야 했다.

지금은 맏이 역할을 요구하지 않을뿐더러 맏이의 권위가 통하는 세상도 아니다. 그럼에도 내 잠재의식 속엔 맏이의 책임의식이 강하게 남아 있다. 어쩌면 동생에 대한 내 안의 뿌리 깊은 죄의식도 완장뿐이었던 맏이 콤플렉스는 아닐는지.

가위

 그것은 단순한 생활도구가 아니었다. 우아한 곡선과 날카로운 직선이 조화를 이루었고, 실용성과 미의 균형도 빼어났다. 탁월한 예술적 감각과 위엄을 갖춘 명품이었다. 사람들은 그 가위를 한나 드 로스차일드 가문의 '왕관 가위'라고 불렀다.

 진안 가위 박물관에는 동서양을 망라한 천 오백여 점의 희귀 가위들이 전시되어 있었다. 가장 오래 된 가위는 기원전 1000년경 그리스에서 만들었다는 양털가위였다. 신라시대 분황사 석탑에서 출토된 협가위에서부터 진안 수천리 고분군에서 출토된 고려시대 가위, 아이를 물어다 준다는 유럽의 헨켈 황새 가위, 빅토리아나 아르누보 같은 예술 가위, 그리고 보물로 지정된 금동 초심지 가위까지 종류와 형태가 다양했다.

가위의 변천사 속에서 평범한 생활 도구가 인간의 욕망과 혼을 담은 예술작품으로 진화했음을 확인할 수 있었다. 진화의 물결 속에는 아름다움에 대한 열정, 소멸에 대한 저항, 멋의 향유 같은 인간 의지가 도도하게 깃들어 있었다. '왕관 가위'는 로스차일드 가문보다 훨씬 더 오랜 세월을 살아남아 그 시대의 영욕과 자취를 대대로 전할 터였다.

가위는 일찌감치 그리스 로마 신화에 등장했다. 신화에는 인간의 운명을 관장하는 세 여신이 나오는데, 운명의 실을 잣는 클로트와 그 실을 분배하는 라케시스, 그리고 실을 끊는 아트로포스다. 그들은 각각 한 사람의 수명을 정하고, 그가 겪어야 할 불행과 고통의 몫을 할당하며 죽는 순간을 결정한다. 아트로포스가 가차 없이 운명의 실을 자르는데 사용한 도구가 바로 가위다. 애초 모태로부터 나를 분리시킨 것도 가위일 텐데 그 생의 숨줄을 끊는 것 역시 가위라니! 가위로 시작해서 가위로 끝나는 게 인생이던가. 불가항력 속에 생성되고 소멸되는 생의 가위놀이 앞에 인간은 속수무책이다. 그럼에도 그 대책 없음 속에서 역동적으로 꽃 피는 것이 인생의 역설이기도 하다. 인간 의지는 고난 속에서 더 강렬한 힘을 발휘하시 않던가.

운명의 가위에 버금가는 유전자 교정 가위가 우리 시대에 출현했다. 어쩌면 그 가위는 신화 속 아트로포스 여신의 가위보다 더 두려운 존재인지 모른다. 2015년에 '크리스퍼(CRISPR) 유전자 가위'가 과학 학술지 사이언스가 선정한 '올해의 혁신적인 기술' 10개 중 최고 성과로 뽑혔다고 한다. '크리스퍼 유전자 가위'란 원하는 부위의 DNA를 정교하게 잘라내는 유전자 편집 기술을 말한다.

유전자 편집이라니, 이 얼마나 마법 같은 일인가. 관련 연구가들은 "크리스퍼 기술의 주된 관심은 인간 배아가 아니라 체세포에 적용해서 유전자나 세포 치료를 하는 것"이라고 주장한다. 고통을 겪고 있는 환자들에게 더할 나위 없이 반가운 소식이다. 하지만 맞춤형 아기 출산에 대한 우려의 목소리도 간과할 수 없다. 원한다면 유전자 교정 가위를 사용해서 탁월한 두뇌와 매력적인 외모를 가지는 것도 불가능한 꿈은 아닐 것이다. 장차 우월한 유전자만을 편집하여 제작한 인간들의 세상에 살게 될지 누가 알랴.

문제는 누구나 그 유전자 가위의 혜택을 누릴 수 없다는 데 있다. 자본주의 사회에서 꿈의 실현은 가진 돈에 비례한다던가. 회의주의자들의 우려에 대해 관련 연구가들은 이렇게 대답할지 모른다. 벽을 뚫지 않고 어떻게 진보할 할 수 있겠는가. 물신은 또 이렇게 부추길 것이다. 윤리의식을 강화하고 성장시키는 유전자를 개발, 인간성 균형을 이루게 하는 편집도 가능할 것이라고. 돈이 된다면 물신은 그 또한 기어이 이루어내고야 말리라. 인간은 단순히 기능과

효율로 판단할 수 없는 존엄성을 가진 존재다. 이기적 욕망에 의한 유전자 가위의 남용 가능성을 어떻게 극복할 것인가도 과제다.

어쩌면 가장 경계해야 할 가위는 내 안에 있는지 모른다. 가위를 통해 인간사의 맥락을 더듬다 맞닥뜨리게 된 것은 내 안의 가위였다. 민감한 센서를 가졌으나 이따금 오작동을 일으키는 불완전한 가위. 살아오는 동안 여러 관계를 재단했을 것이다. 그 때문에 본의 아니게 내 생의 귀한 손님들을 떠나보내기도 했다. 더러는 타자의 욕망을 내 욕망인 양 착각하며 진짜 욕망을 잘라버리는 오류를 범하기도 했다. 지극히 보통 인간인 내가 지나치게 완벽을 추구함으로서 스스로를 소외시키는 우를 범한 것이다. 내 안의 불안과 결핍이 거기서 비롯되었으리라. 내가 들이댄 가위는 타인이 아니라 내 인생을 겨냥한 셈이었다.

수천 년 세월을 거슬러 듣는 가위의 전언은 명징했다.

'운명의 가위는 피할 수 없겠지만 운명에 대한 자세는 재단할 수 있다. 두려워하지 말고 가위놀이를 즐겨라. 인간의 다중성을 이해하고 오류를 기꺼이 받아들이라. 운명의 가위에 도전하는 크리스퍼 가위에 박수를 보내되 서늘한 눈으로 통찰하라. 아트로포스의 가위가 숨줄을 향하기 전, 자신이 원하는 방향으로 삶을 편집하라. 결국 명품 인생은 제 욕망의 주체적 가위놀이에 달린 것이 아니겠는가.'

벼랑 끝에 피는 꽃

철길이 흐르는 마을

 군산 경암동은 작년만 해도 화물을 실은 기차가 하루 몇 번씩 오가던 철길마을입니다. 들창 밖으로 팔을 뻗으면 기차가 손끝에 닿는 거리였다지요. 철길 옆 주민들은 기차가 지나는 시간에 맞춰 내놓았던 물건들을 안으로 들여야 했답니다. 어쩌다 그 시간을 잊는 날엔 화분이며 빨래, 내널었던 나물이 모두 공중부양 되었겠지요. 지축을 흔드는 기적 소리에 잠이 깨고 잠이 들었던 시간들은 이제 옛이야기가 되었습니다. 민들레 홀씨처럼 뿌리 내리고 살다 더러는 이사를 가고 몇몇은 남아서 철롯길의 삶을 이어갑니다. 녹슨 철계단엔 담쟁이가 기어오르고 얼기설기 플라스틱 패널로 엮은 담벼락 아랜 철 늦도록 감국이 피어 있습니다. 다양한 색의 벽마다 덧창, 빨랫줄, 마른 나물, 낡은 고무장갑에 열쇠 꾸러미까지 한데 어우러져 율동 넘치는 삶의 풍경을 만들어냅니다. 그 한가운데를 철길이 직선으로 흘러갑니다. 등 굽은 할아버지가 폐지를 부려놓고 빈 리어카를 의지해 돌아오는 저녁, 골목 바람은 사정없이 야멸칩니다. 구경거리라도 되는 양 카메라를 둘러매고 오는 외지 사람들이 반가울 리 없습니다. 마당도 없이 허접한 살림이 들여다뵈는 외주물집은 보는 이에겐 향수일 수 있지만 사는 이에겐 부끄러움일 수 있습니다. 가진 것으로 존재 가치를 인정받는 자본주의 사회에서 가난은 주눅 드는 일입니다. 공자는 정명正明, 누구나 자기 선 자리에서 군자일 수 있다고 했지만 아무나 터득할 수 있는 경지는 아니지요. 렌즈를 들이대기 전에 먼저 마음을 가다듬습니다. 눈이 아니라 마음으로 풍경을 읽고 싶어서입니다. 삶이 이어지는 한 철길은 살아 있고, 실존의 풍경은 언제나 존엄한 것이라 믿습니다.

벽화

빨래가 춤을 춥니다. 하늘처럼 푸른 벽이 무대입니다. 물구나무 선 윗도리 쭉 내리뻗은 아랫도리 삐딱하게 걸린 티셔츠에 모처럼 개운한 표정의 하얀 수건이, 골목바람 장단 삼아 너울너울 춤을 춥니다. 무거운 짐 부려놓고 후여

후여, 날아가고 싶은 건 아닐까요. 제 몸을 줄에 구속한 주인이 야속할 테지만 줄이야말로 마음껏 춤출 수 있는 안전띠인지 모릅니다. 뚜껑 대신 돌을 머리에 인 항아리도, 얼룩얼룩 페인트로 분칠을 한 항아리도 오늘은 기우뚱기우뚱 몸이 흥겹습니다. 공간의 칠 부쯤을 완만하게 가로 지른 줄, 중심을 비켜 세로로 알맞게 공간을 분할한 연통과 부엌문, 제법 균형이 느껴지는 구성입니다. 더 이상 제 구실을 못하게 된 수도꼭지와 그 옆에 아무렇게 굴러다니는 낡은 플라스틱 접시까지, 삶의 희로애락이 묻어나는 허접한 풍경마저 그럴싸한 소품입니다. 흔히 그러하듯 삶의 풍경 안쪽은 조각조각 치열한 일상의 모자이크일 터입니다. 어둑한 바라지 안쪽의 세월도 결코 녹록지는 않았겠지요. 저 풍경을 살아 있게 하는 것 역시 사물 너머에 존재하는 인간 실존의 뜨거움이 아닐까요. 진솔한 삶의 냄새가 삐져나오는 풍경들에는, 세련되고 매끄럽게 치장한 아파트 벽면에선 느낄 수 없는 친근감이 있습니다. 시멘트 바닥은 갈라지고 섀시문은 낡아 삐거덕거리지만, 기차도 흥청거림도 떠난 경암동 철길 골목은 비로소 고즈넉하게 제 숨을 고르고 있습니다.

장간
철길 옆 바람모지에 고만고만한 항아리가 참하게 서 있

습니다. 항아리가 저만큼 반질반질하려면 적어도 하루에 한두 번은 닦아줘야 합니다. 쓸모에 알맞은 크기에다 저 정도 숫자면 한국의 재래식 장은 종류대로 갖춰져 있을 게 틀림없습니다. 예전에 장독대는 그 집안 살림 규모와 안주인의 손맛을 가늠케 하던 공간이었습니다. 요즘은 장독대를 갖춘 집을 만나기가 어렵습니다. 뒤울안에 한 자리를 차지하던 장독대는 이제 화려한 치장을 한 김치냉장고로 변신하여 주방의 한쪽을 장식하고 있습니다. 질박한 항아리의 운치는 사라지고 손잡이 달린 플라스틱의 실용성이 압도하는 시대가 된 것이지요. 짐작건대 이 장간의 주인장은 모도리에 나이 꽤 지긋한 분일 것입니다. 그렇게 추정하는 유력한 단서는 문 앞에 놓인 슬리퍼입니다. 시골장터에서 흔히 볼 수 있는 신발이지요. 노인들에게 가격과 실용성에서 그만큼 부담 없는 신발도 없을 것입니다. 또, 미닫이문을 열고 들어가면서 저렇게 가지런히 신발을 벗어 놓으려면 따로 마음을 써야 합니다. 성질 급한 젊은 사람들에겐 쉽지 않은 습관이지요. 소주병도 아무렇게 나뒹굴지 않습니다. 담배꽁초가 담겼을 합보시기 역시 정갈합니다. 애환이 있되 그 애환을 천박하게 드러내지 않는 절제가 느껴진다고 할까요. 소박하나 누추하지 않은 살림의 이력을 보여주는 듯합니다. 장 맛 역시 분위기만큼이나 칼칼하고 맛깔스럽지 않을까 싶습니다. 무연히 찾아든 철길 마을, 정체불

명의 향취에 군더더기 투성이인 내 삶이 돌아 보이는 게 어찌 우연이겠습니까. 바장이는 겨울 햇살의 재촉을 받으며 철길 마을을 떠납니다.

벼랑 끝에 피는 꽃

어릴 적 미술 시간에 그렸던 우리 집이 생각납니다. 맨 처음 세모 아래 네모를 받쳐 그립니다. 오른쪽 지붕에 굴뚝을 얹고 벽에 창문도 하나 그려 넣습니다. 담 없는 마당가엔 족보를 알 수 없는 온갖 꽃들을 그려 넣습니다. 마지막으로 두 팔을 허수아비처럼 양쪽으로 뻗은 엄마 아버지 그리고 두 동생을 그려 넣으면 비로소 행복한 우리 집이 완성됩니다. 생각해보면 집은 우리가 나고 자라고 뿌리내린 공간이었습니다. 어른이 되어서도 어릴 적 그 집을 꿈꿉니다. 쉰을 넘어가는 나이에도 정서는 고향의 그 집을 떠나지 못하고 있는 것입니다. 뜨내기처럼 떠도는 길가상이집 사람들은 어떤 꿈을 꿀까요? 집의 내력을 지니기도 전에 길 따라 모였다 길 따라 흩어지는 정처 없는 삶. 그래도 '꽃은 벼랑에서 핀다.' 는 어느 시인의 말을 믿고 싶습니다. 소박함의 범주에도 들지 못하는 철길 마을의 풍경이 끝내 누추하지 않은 것은 집집에서 전해지는 따뜻한 온기 때문입니다. 그 온기야말로 벼랑 끝 생을 꽃 피게 하는 힘이 아닐는지요.

떠나지 못하는 사람들

한 남자가 **빠른** 걸음으로 동암역 광장에 있는 쓰레기통을 향해 다가갔다. 먹이를 발견한 맹수처럼 날렵한 동작이었다. 남자는 쓰레기통 안에서 무언가를 집어 올렸다. 삼분의 일쯤 타다만 담배꽁초였다. 그는 불도 붙이지 않은 꽁초를 볼이 우묵 패이도록 깊숙이 빨아들였다. 얼굴 가득 희열의 미소가 번졌다. 꽁초를 입에 문 채 그는 벤치에서 새우잠을 자고 있던 사내의 바짓가랑이를 잡아당겼다. 사내는 신경질적으로 남자를 걷어찼다.

"미친 새끼가 아침부터 남의 단잠을 깨고 지랄이야!"

다 떨어진 운동화가 벗겨질 듯 사내의 발끝에서 대롱거렸다. 아직 술이 깨지 않은 듯 혀가 꼬여 있는 말투였다. 남자는 잽싸게 사내의 발길질을 피하면서 말했다.

"백수형님, 불 쪼까 주실라요······."

"하나 건졌냐, 새꺄?"

사내는 눈도 뜨지 않은 채 땟국에 절은 바지 주머니에서 라이터를 꺼내 던졌다. 남자는 황감한 표정으로 라이터를 주워 담배에 불을 붙이고 거푸 세 번이나 연기를 들이마신 후에야 밖으로 내뿜었다. 그리고는 눈치를 살피며 슬그머니 사내의 발치에 자리를 잡고 앉았다.

"아, 긍께 목을 비틀어도 소용없당께. 난 빨갱이가 아니단말씨. 난 착실한 서울대 학생이란 말여. 아이큐 145의 천재. 알아들어?"

남자는 초점이 흐린 눈으로 주변을 두리번거리며 밑도 끝도 없이 유신헌법철폐를 들먹였다. 그는 미친 남자였다. 그러나 그의 말 전부가 허튼 소리는 아니었다. 그의 말대로 그는 서울대 학생이었었고, 유신정권 시절 고문 끝에 정신줄을 놓은 남자였다. 그는 다섯 손가락 안에 꼽히는 역의 단골손님이었다. 새우잠을 자던 사내는 남자의 중얼거림에 신물이 난 듯 들은 체도 하지 않았다.

이때 역사 옆으로 난 굴다리 쪽에서 왁자하니 시끄러운 소리가 들렸다. 네 명의 남자들이 이쪽의 벤치로 몰려오고 있었다. 하나같이 꾀죄죄한 차림새에 마시다 만 소주병을 손에 든 채였다. 팔자걸음으로 앞장서서 걸어오던 남자는 허리까지 내려오는 긴 머리를 흔들며 내뱉듯 말했다.

"제기랄! 오늘도 허탕이네. 자, 자, 술이나 마시자구."

그들은 벤치에 앉자마자 강소주를 마셨다. 전작이 있었는지 얼굴빛이 불콰했다. 긴 머리 남자가 한 마디 할 때마다 나머지 사내들은 과장된 몸짓으로 맞장구를 쳤다. 그들은 몇 달째 나오지 않는 품삯에 대해 울분을 터뜨리며 말끝마다 욕을 달았다. 벼랑 끝으로 내몰린 들짐승의 사나운 눈빛들을 하고 있었지만 한 가닥 좌절의 속내를 숨기지는 못했다. 시간은 정오로 접어들고, 광장을 떠들썩하게 하던 남자들의 목소리도 폭염 속에 점차 맥이 풀려갔다.

요란한 경적과 함께 전동차가 들어오고 사람들이 역사를 통해 광장으로 쏟아져 나왔다. 그들은 무심하게 정신 줄을 놓은 남자와 새우잠을 자는 백수 사내 그리고 긴 머리 남자 일행을 지나쳐갔다. 밀물처럼 밀려왔다 썰물처럼 빠져나가는 사람들 사이에서 그들은 섬이었다. 긴 머리 남자 일행은 끊임없이 내일을 이야기하는 가운데 바닥난 소주병을 털어부었고, 부스스 잠이 깬 남자는 허기 어린 눈으로 포장마차에서 뿜어져 나오는 닭꼬치 냄새에 코를 벌름거렸다. 자칭 천재인 남자는 담배꽁초를 찾기 위해 다시 쓰레기통을 되작거렸고, 붉은 띠를 두른 교인들은 불신지옥을 외치며 역광장을 가로질러 갔다.

나는 이십 년 가까이 동암역 근처에 살았다. 철로가 남북을 가로 질러 놓이는 바람에 나는 '남광장사람'이 되었다. 역사驛舍를 다시 지으면서 광장에 나무를 심었다. 나무를 중심으로 둥근 벤치도 여러 개 설치했다. 그 후 역의 풍경은 달라졌다. 역은 사계절 쉬지 못 했다. 광장의 느티나무 역시 마찬가지였다. 지기를 펼 수 없을 정도로 밤낮 사람들이 들끓었다. 애꿎은 원망과 분풀이를 감당하느라 나무의 몸은 늘 상처투성이였다. 나무의 상처는 곧 사람들의 상처이기도 했다.

제집처럼 역을 찾아오는 사람들, 그들은 '고도'를 기다리는 '디디'와 '고고'처럼 광장을 떠나지 못했다. 떠나고 싶어도 떠날 곳이 없는 그들에게 역은 위안의 도피처일 것이다. 사방으로 열려 있는 길은 그들에겐 끝내 포기할 수 없는 희망일지도 모른다. 희망은 현실과 이상 사이의 크레바스, 그 어두운 심연을 견디는 힘이기도 하리라.

전동차를 타기 위해 동동거리며 역 계단을 뛰어 오르는 사람들. 일상의 사소한 풍경이지만 누군가에게는 목숨을 걸어 얻고 싶은 꿈의 현실이다. 오늘도 고도는 오지 않고, 떠나지 못한 영혼들의 눈빛은 먼 곳을 떠돌다 역으로 모여들 것이다.

문득 나를 향해 묻는다.

'너는 떠난 자인가, 남은 자인가?'

침묵에 대하여

"침묵은 소리의 뼈다." 막스 피카르트의 통찰이다. 과연 철학자다운 해석이다. 말의 뼈를 이루는 침묵을 아무 것도 아니라고 잡아뗄 수 있겠는가.

나는 생각의 속도가 느리다. 질문을 받으면 생각하느라고 즉답을 하지 못한다. 여럿이 중요한 사안을 논하는 자리에선 더욱 그렇다. 그러다보니 본의 아니게 침묵으로 답을 대신할 때가 있다. 그 바람에 신중한 사람이라는 느낌을 주기도 하지만 비겁한 사람이 되기도 한다. 결과에 대한 책임을 지고 싶지 않다는 소심한 이기주의가 바탕에 깔려 있을 수 있기 때문이다.

침묵이 때로 얼마나 엄청난 악이 될 수 있는지 생각하게 한 사건이 있다. 윤일병을 죽음으로 몰아간 집단구타 사건이다. 그가 속해 있던 내무반엔 분대장 외 네 명의 병사들이 있었다. 윤일병은 자대배치 후 35일 동안 지속적인 괴롭힘과 구타를 당했다고 한다. 몸에다 오줌 싸기, 항문에 물 붓기, 개처럼 바닥에 놓인 음식 핥아먹게 하기, 개 입에 강제로 키스하게 하기, 침상에 매달아 놓기 등등 온갖 치욕적인 수모를 겪었다. 그러다 끝내, 냉동식품을 함께 먹다 젓가락질이 서툴다는 이유로 구타를 당하던 중 음식이 기도를 막아 질식사했다. 중환자실에 실려 온 그의 몸뚱이는 온통 피멍투성이였다. 그의 나이 겨우 스물두 살이었다.

그를 죽게 한 네 명의 병사들은 특별히 사악한 사람들이 아니었다. 신상기록을 보면 지극히 평범하고 모범적인 청년들이었다. 그러나 그들은 누군가 시작한 처음의 폭력에 하나같이 침묵했다. 그 침묵은 묵인과 동조, 적극 가담의 결과를 가져왔다. 그들은 모두 유죄판결을 받았다.

사건을 알고 있던 사람 중에 단 한 명, 침묵을 지키지 않은 다른 내무반의 병사가 있었다. 그는 윤일병이 속한 내무반에 있던 병사로부터 사건의 전말을 듣게 되었다. 잠시 고민하던 그는 상관에게 사실을 보고했다. 그의 용기 덕분에 은폐될 뻔한 윤일병의 참혹한 죽음이 세상에 알려졌다. 그러나 입을 연 병사는 내부고발자, 배신자란 낙인과 함께 왕따를 당하다 전출되고 말았다.

지인들과 윤일병 사건에 대한 이야기를 나누던 중 내가

물었다. 친구가 운전을 하다 교통사고를 냈다. 횡단보도 건너는 사람을 치어 죽게 한 것이다. 목격자는 친구와 나 두 사람뿐. 친구가 사정했다. '너만 입 다물고 있으면 된다'고. 만약 그 부탁을 받은 사람이 당신이라면 어떻게 하겠냐고 물었다. 지인들은 얼른 대답하지 못했다. 한참 만에 한 사람이 힘들게, 그래도 친구를 설득해서 자수하게 해야 한다는 말을 했다. 관계 중심의 우리 문화 속에선 침묵보다 고발이 더 어렵다는 걸 실감할 수 있었다.

인간이 얼마나 권위에 쉽게 무너질 수 있는 존재인가에 대한 예들은 많다. 대표적인 실례가 예루살렘의 아이히만 사건이 아닐까 싶다. 수백만 명의 유태인을 죽음의 수용소로 보낸 아이히만이 예루살렘 재판정에 섰다. 사람들은 그의 평범함을 보고 당혹스러워 했다. 그는 자신은 권위에 복종한 지극히 성실한 조직원이었을 뿐이라고 변명했다. 시킨 대로 했을 뿐이라고 말하는 그의 모습은 '무슨 일을 했는지 전혀 깨닫지 못하는' 초라한 중년 남자였다. 사건을 지켜본 철학자 한나 아렌트는 그를 통해 '악의 평범성'을 일깨웠다. "불행히도 대부분의 악행은 선해지거나 악해지기로 결심한 적이 결코 없는 사람들에 의해 저질러진다. 이것은 슬픈 진실이다." 생각 없음, 즉 권위 앞에 무사유가 가져오는 파괴적 결과에 대한 통찰이다.

사람은 누구나 공감 능력을 가지고 있다. 공감 능력 덕분에 인간은 사회화가 가능했고 만물의 영장이 될 수 있었을 것이다. 모든 감각은 공감을 위해 존재한다고 해도 과언이 아닐 터이다. 그러나 그 공감이 이기적으로 집단화될 때는 윤일병 사건의 경우처럼 무자비한 폭력으로 나타나기도 한다. 권력화된 집단을 향해 우리는 얼마나 용기 있게 침묵을 깨고 '아니요'를 외칠 수 있을까. 아마 네 명의 가담자들 역시 권위를 장악하고 있는 한 병사에게 공감 즉 동조하지 않으면 자기도 윤일병 같은 처지가 될지 모른다는 공포를 가지고 있었을 것이다. 게다가 군대라는 특수한 조직 속에서는 개인의 정체성이나 양심이 쉽게 희박해질 수 있다. 그에 더해 무리에서 도태되지 않고 살아남으려는 이기적 본능이 그들을 더 왜곡된 공감으로 이끌어 가지 않았을까. 그렇다손 한 생명을 앗아가는 폭력은 결코 용인되어선 안 될 일이다.

어떻게 하면 우리가 지닌 공감 능력을 순기능 방향으로 이끌어갈 수 있을까. 먼저 우리 사회의 구조적인 문제를 근본적으로 짚어 봐야 한다. 그러나 개인으로서 할 수 있는 일 가운데 하나 아렌트의 말처럼 생각하지 않는 죄, 그것에 대한 통절한 깨달음이 한 방법이라면 그동안 나의 침묵이 혹여 악을 묵인, 방조하는데 기여한 적은 없는지부터 반성해 볼 일이다. 양심에 반하지 않으면서 공감과 평화에 복무할 때만 침묵은 아름다운 힘을 갖는 것 아니던가.

청소역 靑所驛

 장항선 완행열차가 기적을 울리며 산모롱이로 꼬리를 감췄다. 밤콩처럼 낯빛이 검은 노인들 몇이 올망졸망한 보퉁이를 들고 역사를 빠져 나갔다. 나는 맹렬한 땡볕 아래 혼자 플랫폼을 지키고 서 있는 '청소역' 이정표에 눈인사를 건넸다. 한 시절을 감당하던 기상은 사라지고, 녹슬어가는 몸엔 '광천↔대천' 글자가 살비듬처럼 일어나 너불거렸다.
 장항선 역사로는 가장 오래 되었다는 '청소역'. 1929년 간이역으로 출발해서 1958년 보통역으로 승격했고, 올해로 84년이 된 역이었다. 60년대식 벽돌조 건축물로 2006년 근대문화유산으로 등록되었으나 이용하는 사람이 해마다 줄어 조만간 폐역閉驛이 될 운명에 처해 있었다. 하루 서른 남짓한 이용객으로는 수지타산이 안 맞는다는 게 이유였다.

이름처럼 초록 기와를 얹은 역사는 소박하고 아담했다. 텅 빈 대합실은 햇살과 바람만 들랑거렸고 창구에는 매표를 하지 않는다는 안내문이 붙어 있었다. 칠이 벗겨진 나무 의자엔 창을 넘어 들어 온 포도넝쿨 그림자만 얼씬거렸다. 더 이상 차표를 확인하는 일 따위는 없었다. 승차권을 내밀면 모자를 쓴 역무원이 구멍을 내어 되돌려주던 일은 까마득한 옛일이었다. 그 당시의 승차권은 골동품이 되어 액자 속에 전시되고 있었다. 그것이 에드몬슨식 승차권이란 걸 처음 알았다.

혼자 역사를 지키고 있던 역무원 이 씨는 이웃집 아저씨처럼 편안한 인상을 가진 중년 남자였다. 내가 여기저기 기웃거리며 사진 찍는 걸 보고 스스럼없이 말을 걸어 왔다. 나는 무작정 청소역을 보기 위해 새벽들이 달려 온 사정을 솔직하게 말하지 못했다. 연신 땀을 훔치고 있는 그에게 그냥이라는 말은 너무 민망했다.

그는 선선하게 역무실 안으로 나를 초대했다. 역무실은 깔끔하게 정돈되어 있었다. 창구 앞은 금방이라도 손님을 맞이할 것처럼 물건들이 가지런했다. 벽에 걸린 8월의 행사표는 휑했다. 바쁠 것 없는 달력의 일정은 역의 처지를 고스란히 반영하고 있었다. 머지않아 '청소역'은 보통역에서 간이역으로 되돌아갈 것이고, 근대문화유산이라는 새 이름을 달고 역사의 뒤쪽으로 사라질 것이다.

이 씨는 선풍기 하나로 염천의 더위를 견디고 있었다. 그는 두 아이들과 오랜 시간을 역사 옆 사택에서 생활했노라고 했다. 아이들이 정서적으로 건강하게 자라준 것을 이곳의 아름다운 경관 덕으로 돌렸다. 2009년 〈아버지의 자리〉라는 드라마 촬영을 하게 된 것도 그와 무관치 않을 터였다. 대합실에는 당시의 기록이 사진과 함께 전시되어 있었다. 그는 돈이 안 된다는데 어쩔 거냐며 폐역 결정을 순순히 받아들였다. 아이들이 나고 자란 곳, 중년이 훌쩍 넘도록 삶의 터전이었던 곳을 떠나는 일이 어찌 예사이랴.

열차는 하루에 네 번 '청소역'에 정차했다. 차 시간을 놓치면 서너 시간을 기다려야 했다. 그곳에 머무는 동안 나는 한 사람의 노인밖에 보지 못했다. 그는 역 안에 들어오지 않고 역사 입구에 등을 돌린 채 구부정하게 앉아 있었다. 그가 차를 타기 위해 거기 있는지 혹은 누구를 기다리는 것인지는 알 수 없었다. 한동안 자세도 바꾸지 않은 채 정물처럼 앉아 있는 노인의 뒷모습은 적막하기 그지없었다.

한때는 수많은 길을 품었던 영화로운 곳이었으나 이젠 썰물 밀물도 없이 고여 있는 간이역. 있어도 있지 않은 존재. 그 소외의 자리에서 묵묵히 지난 세월을 보듬고 낡아가는 청소역의 풍경은 등 돌리고 홀로 앉은 노인의 뒷모습만큼이나 애잔했다. 하긴 쇠락해가는 것들의 마지막이 그러할 터였다. 한때는 흥성했으나 폐허가 되어버린 시골 장터가 그렇고, 백발이 되어 홀로 남은 우리의 아버지들이 그러할 것이다.

  나는 늦어지는 기차를 기다리며 자울자울 낮꿈을 꾸고 있을 아버지를 떠올렸다. 생애 혁혁한 업적이라곤 없이 보통역에서 살다 간이역으로 돌아간 그 텅 빈 씨방을 헤아렸다. 지금도 아버지는 낮꿈 속에서 자식들에게 의자를 내어주고 싶어 제살을 깎아내느라 안간힘을 쓸 것이다. 박제가 되어서도 차마 문을 닫지 못하고 의자를 내어주는 '간이역'처럼. 그래, 비비댈 그런 의자들이 아니었다면 어디 마음 부려 쉬었을 텐가. 낡은 '청소역'의 적막이 끝내 누추하지만 않은 것은 온갖 희로애락을 제안에 담고 발효시킨 저 무던 함에 있지 않을는지.

밥

한 청년이 머뭇머뭇 떡장수 앞으로 다가왔다.
"이거 얼마예요?"
"천오백 원여."
개피떡을 집으려던 청년의 손이 주춤했다. 다시 꿀떡을 가리키며 우물거리듯 가격을 묻자 할머니는 똑같다고 대답했다. 망설이던 청년은 주머니에서 동전을 꺼내 세기 시작했다.
"저어, 이백 원이 모자라는데…요."
할머니는 대꾸 없이 개피떡을 봉지에 담았다. 떡을 받아든 청년은 재개발 현수막이 펄럭이는 허름한 골목 안으로 사라졌다.
청년은 무릎이 축 처진 낡은 운동복을 입고 있었다. 닳아

빠진 슬리퍼에서는 걸음을 옮길 때마다 철떡거리는 소리가 났다. 거무스레하게 처진 눈가에 허기와 불안이 짙게 배인 표정하며 도무지 활기라곤 찾아볼 수 없는 얼굴이었다. 나이를 가늠하기 어려운 것도 그 때문이지 싶었다.

 기다리는 마을버스는 오지 않고, 내 시선은 도망치듯 사라진 청년의 뒷모습에 붙들려 있었다. 어둡고 눅눅한 표정에서 감지되었던 사연들이 마음 한구석을 못내 불편하게 했다. 모든 게 제 자신의 무능 탓일 수만은 없는 사회구조 속에서 꽃 필 시기에 시들어가는 푸른 나무를 보는 일은 안타까웠다. '목숨 걸고 우리 재산 사수하자'는 현수막이 만국기처럼 펄럭이는 재개발 지역, 어느 셋방으로 숨어들었을 청년의 모습이 종일 그림자처럼 어른거렸다.

 인생은 원래 불공평한 것이다. 경주의 출발점이 다르다는 말이다. 세상은 서열화 되고 규격화 되어 컨베이어 벨트처럼 돌아간다. 그에 맞춤한 인간이 된다는 건 결코 만만한 일이 아니다. 물론 컨베이어 벨트의 삶이 정답은 아니며 반드시 행복을 보장하는 것도 아니다. 그들도 불안과 갈등 속에 전전긍긍 살아가기는 마찬가지다.

 청년아, 내 힘으로 얻은 밥이 나를 키우는 것이다. 떨치고 일어나라. 불평등의 굴욕을 이긴 밥만이 진짜 건강한 자기 삶을 일으켜 세우는 법이니.

"왜 그래요? 어디 아파요? 119 부를까요?"

내 말에 남자는 와락 울음을 터뜨렸다. 간신히 손을 젓는 시늉을 했으나 무슨 뜻인지 알아채기는 어려웠다. 남자는 길바닥에 주저앉은 채 고개를 떨어뜨리고 있었다. 입가엔 침이 엿가락처럼 늘어져 있었다. 말은 어눌했고 손동작도 어줍었다. 얼핏 보면 술에 취해 횡설수설하는 모양새였다. 사람들은 무심하게 남자를 지나쳐 횡단보도를 건넜다. 처음에는 간질인가 싶었으나 상태를 보니 아무래도 뇌졸중인 것 같았다. 미적거릴 여유가 없었다. 길을 지나던 나이 지긋한 아저씨에게 도움을 청했다. 아저씨는 남자의 허락을 받고 주머니에서 핸드폰을 꺼냈다. 남자의 손은 이미 핸드폰의 패턴조차 그리기 어려울 정도로 마비되어 있었다. 도움을 받아 간신히 암호를 푼 남자는 가족과 전화가 연결되자 짐승처럼 울음을 터뜨렸다.

잠시 후 가족들이 달려왔다. 장인이라는 사람은 오토바이를 타고 제일 먼저 달려와 남자를 부축해 일으켰다. 장모는 서너 달 되어 보이는 아기를 업은 채 허둥거렸다. 부인인 듯한 여자는 젊은 남편을 끌어안고 '이게 도대체 무슨 일이냐'며 발을 굴렀다. 여자는 황급히 남자를 차에 태우고 병원으로 내달렸다. 장모는 기가 막힌 표정이었다. 남자는 결혼 일 년차 새내기 신랑이었고 도서관에 공부하러 가던 중이라고 했다. 그동안 취업 때문에 고심하더니 스트레스가 컸나보다며 눈물을 글썽였다.

　가슴이 벌렁거렸다. 달포 전의 충격이 고스란히 되살아났다. 동생은 횡단보도에서 갑자기 무너지듯 주저앉았다. 사람들은 술에 취한 줄 알고 그냥 지나쳐 갔다. 황금시간대를 놓친 동생은 그대로 사망했다. 부검 결과 스트레스성 심근경색이라는 진단이 나왔다. 그동안 과중한 업무 때문에 지속적인 스트레스를 받았다는 말을 들은 터였다. 결국 밥벌이의 과로가 한 원인이 되어 쓰러진 것이다. 동생은 그렇게 일찌감치 이승의 삶을 횡단해서 더 이상 밥벌이의 멍에를 짊어지지 않아도 되는 곳으로 가고 말았다. 실려 가는 남자를 보면서 동생이 혼자 겪었을 고통이 헤아려져 가슴 쓰라렸다.

　일반천금―飯千金. 밥 한 끼에 천금으로 은혜를 갚는다는 고사성어. 한 그릇 밥의 엄중함을 생각하게 하는 말이다. 어머니의 첫 안부도 늘 '밥 먹었냐'였다. 당신에게는 밥이 보배고 목숨이었다. 남편도 그랬다. 밥과 자존심은 하나였다. 아무리 심하게 다투어도 정성스레 차려낸 밥상 앞에선 감정이 말랑해졌다. 밥은 단순한 물질이 아니다. 밥 한 그릇에 정도 나고 미움도 난다. 인간관계, 희로애락의 정수가 밥의 운용에 깃들어 있다 해도 과언이 아닌 것이다.

　세상은 여전히 밥그릇 싸움으로 치열하다. 오늘도 사상자는 생겨날 것이다. 모든 밥엔 피의 냄새가 배어 있다. 아들은 전방에서 치열하게 접전 중이고, 퇴역 노병인 남편도 여전히 변방에서 고전 중이다. 오늘도 나는 '밥모심'의 마음으로 상을 차린다. 사랑하는 이들이여, 부디 살아 돌아오라.

4부

그늘의 독법
말을 알아듣는 꽃
도 긴 개 긴
의자왕 가라사대
햇볕 한 줌
거미
혼밥족
오래된 풍경
밀당의 미학
어루만지다

그늘의 독법

1

"너 어쩌다 이렇게까지 망가졌니?"

여자의 말소리가 벼락같이 귓전으로 달려든다. 혼잡한 오거리 한복판에서다. 여자는 분이 풀리지 않는 듯 발을 구르며 속사포처럼 말을 쏟아낸다. 중년의 남자는 주머니에 손을 꽂은 채 멀리 허공을 바라본다. 한 줌의 허기조차 남아 있지 않은 눈빛이다. 자기를 놓아버린 자의 무덤덤한 표정, 그에 비하면 여자의 분노는 차라리 생의 건실한 의욕에 가까워 보인다. 무슨 죽을죄를 지었을까. 그는 미동도 하지 않은 채 여자의 폭언을 소나기처럼 맞고 있다.

남자의 눈빛은 잠자리까지 나를 따라와 뒤척이게 만든다. 한때 그는 잘나가던 사람이었을지 모른다. 여자의 말대로 망가지기 전까지는. '망가짐'이란 여자의 말이 선언처럼 들린다. 더 이상 회복할 수 없는 두 사람의 관계를 확신시키는 말로도 들린다. 여자의 어조는 눈빛만큼이나 단호하고 앙칼지다. 남자의 눈빛 또한 복구 불가능한 상태를 암시하고 있다. 그것은 여자와는 달리 자기 자신을 향한 것으로 보인다. 그는 이미 절망조차 가벼워진 상태, 한 발짝을 저 세상으로 들여놓은 듯한 표정이다. 무엇으로 '망가진' 남자의 눈빛에 생기를 불어넣을 수 있을까. 무엇으로 추락한 그의 바닥을 일으켜 세울 수 있을까.

남자의 눈빛이 까마득히 지층에 묻혀 있던 어린 날의 그늘을 불러들인다. 아버지가 서울에 좋다하는 직장을 마다하고 내려왔을 때 어머니는 낙심했다. 그 밤 어머니는 야멸치게 아버지를 몰아붙였고 아버지는 종내 대꾸가 없었다. 어머니는 서울로 가고 싶어 했고 아버지는 고향에서 농사를 지으며 단순소박하게 살고 싶어 했다. 어머니의 호된 푸념에 고개 숙인 아버지를 훔쳐보며 나는 찔끔 눈물을 흘렸다. 예닐곱 살의 성숙한 맏이였던 나는 자는 척 눈을 감고 있었으나 쉬이 잠들지 못했다. 그 후 나는 고집스러우리만큼 아버지 편을 드는 딸이 되었다.

그늘로 떠밀린 남자의 눈빛이 아버지의 기억과 맞물려 스산하게 가슴을 흔든다. 내가 여자의 분노보다 남자의 절망에 더 마음이 쓰인 것도 그 때문인지 모른다. 그래, 사철

꽃밭인 생이 어디 있으리. 벼랑 끝에 피는 꽃이 더 아름다울 수도 있지 않은가.

2

알몸에 가까운 여인들의 사진이 꽃잎처럼 흩뿌려져 있다. 유명 개그맨이 엄지를 들어 올리며 어서 오라 손짓하는 모텔 앞이다. 사진 속 그의 표정은 당신의 쾌락을 확실하게 책임지겠다는 자신감으로 가득하다. 감각의 제국시대, '소돔 고모라'는 여전히 성업 중이고, 개인들은 뻔뻔하고 당당하게 욕망의 깃발을 흔든다.

꽃잎들은 하나같이 파릇파릇 아리땁다. 눈부신 피부에 터질 듯 풍만한 가슴, 바비인형처럼 잘록한 허리, 매혹적인 눈빛, 그야말로 최고의 섹시미를 자랑하는 미녀들이다. 포토샵으로 가공된 완벽한 미끼. 푸른 눈 검은 눈 잿빛 눈을 반짝이며 달콤하게 속삭인다. '나를 사세요. 완전, 황홀한 밤을 선물해 드릴 게요.'

사람들은 무심히 꽃잎들을 밟고 지나간다. 쭈그리고 앉아 몇 개의 꽃잎을 줍는다. 구둣발 자국이 나 있는 푸른 눈의 꽃잎을 들여다본다. 한 점의 부끄러움도 없이 요염하게 웃는다. 가짜 웃음도 돈이 된다는 걸 일찌감치 알아버린 영악한 꽃잎들. '누가 너희를 향해 돌을 던질 수 있겠니……' 자식을 둔 어미는 함부로 입 찬 말을 할 수가 없다. 길가에

밟히는 저 꽃잎 하나하나 그 부모에겐 세상의 무엇과도 바꿀 수 없는 보배인 것을.

한 꺼풀 안쪽에 감춰진 꽃잎들의 그늘이 만져지는 듯하다. 이역의 낯선 남자들에게 하얀 꽃잎을 내맡길 때 그들은 이미 사람이기를 포기했을지 모른다. 최대한 매혹적인 상품이 되지 않으면 고객을 만족시킬 수 없다는 사실을 체득했을 것이므로. 단순한 충동과 배설 사이에도 순간의 연정은 스칠 수 있겠으나 자신이 상품이란 사실은 결코 잊지 않을 것이다. 하긴 이 자본주의 사회에서는 고급과 하급의 차이만 있을 뿐 상품이기는 마찬가지다. 차라리 몸으로 밥을 버는 자신들이야말로 정직한 게 아니냐고 항변할지 모른다.

길을 가던 중년 남자가 슬그머니 꽃잎 한 장을 줍는다. 주위를 두리번거리다 나와 눈이 마주친다. 푹 꺼진 눈가에 다크서클이 진하게 테를 두른 얼굴이다. 남자는 허청대는 걸음으로 나를 지나쳐 간다. 통 넓은 바짓가랑이 사이로 바람이 들랑거린다. 남자는 꽃잎을 바지주머니에 찔러 넣고 '천국김밥' 집을 기웃대다 해장국집 안으로 사라진다. 한 장의 꽃잎을 주머니에 품고 사내는 잠시나마 꽃멀미를 맛보고 싶은 것일까. 바닥과 바닥의 판타지 만남, 왠지 포개진 바닥의 욕망에서는 아릿한 슬픔의 냄새가 날 것 같다. 세상에 백퍼센트의 슬픔은 없다던가. 꽃잎들아, 다만 살아 있으

라. 때가 되면 동토凍土에도 꽃 피리니.

3

 동암역 광장에선 갈 곳 없는 남정네들이 삼삼오오 낮술을 들거나 시비를 거는 장면을 심심치 않게 볼 수 있다. 한 뼘 남은 양지쪽에 노숙자 차림의 남자가 외따로 앉아 핸드폰을 들여다보며 히쭉거리고 있다. 어지러운 세상사는 내 알 바 아니라는 듯 태평한 얼굴이다. 남자 옆에는 깨진 플라스틱 쓰레기통에 소주병 몇 개와 담배꽁초 그리고 교회 전도지가 들어 있다. 전도지에는 '당신은 어디로 가고 있습니까?', 란 문구와 함께 이정표가 그려져 있다.
 '당신은 어디로 가고 있습니까?' 톨스토이는 절박하게 그 질문에 대한 답을 찾고 싶어 했다. 그 답이 없는 삶은 의미가 없다고 생각했다. 그는 벽에 걸어 두었던 총을 보이지 않는 곳에 감추어 둘 만큼 자살충동을 자주 느꼈다. 그만큼 그에게 인생의 목적은 중요한 문제였다. 결국 그는 위대한 문학과 사상을 남긴 채 거리에서 죽음을 맞았다. 그의 책 〈참회록〉에는 그 질문에 대한 절절한 고백의 여정이 들어 있다. 젊은 날 그의 책을 성경처럼 끼고 다닌 적이 있었으나 어디로 가는지에 대한 질문은 끝내 미제로 남았다.
 디오게네스처럼 한 줌 햇살이면 족한 노숙자에게 인생의 방향에 대한 질문이 무슨 의미가 있을까 싶다. 그에겐 오늘

하루 이 순간, 핸드폰을 들여다보고 혼자 웃는 것 이상의 욕망이 있을 것 같지 않다. 아니, 어쩌면 그런 욕망 따윈 진작 내려놓아야 살아남을 수 있다는 게 더 정확한 표현일지 모른다. 바닥의 사람들에겐 여인의 부드러운 피부, 김이 모락모락 나는 말랑한 밥, 어느 따뜻한 휴양지의 여유 같은 것은 아예 허락되지 않을 것이므로.

그는 고립된 섬이다. 누구도 그에게 관심을 두지 않고 그 역시 세상의 그 무엇에도 관심이 없어 보인다. 오로지 핸드폰만이 세상과 자기를 연결하는 유일한 끈이다. 그의 내력을 더듬는 일은 무의미하다. 이 시절 노숙자란 너무나 흔한 이름이기에. 그는 벙거지를 깊이 눌러 쓰더니 툭툭 털고 일어나 또 다른 온기를 찾아 자리를 옮긴다. 훨훨 가벼운 몸짓, 옆구리에 낀 가붓한 보퉁이, 세상에 근심이라곤 없어 보이는 표정. 역을 스쳐가는 수많은 사람들 중 가장 편안한 얼굴이다. 문득 궁금하다. 날이면 날마다 어수선한 정국을 규탄하는 시위 소식이 대문짝하게 실리는 세상, 자기가 가는 방향을 알고 가는 자와 그렇지 않은 자의 차이는 무엇인가? 지금 세상은 어디로 가고 있는가? 우리는 아니, 나는 과연 저 노숙자보다 잘 살고 있다고 어떻게 확신할 수 있는가?

4

 젊은 시절 남편은 고두밥을 좋아 했다. 조금만 질어도 이게 죽이지 밥이냐고 퇴박을 놓았었다. 그러던 남편이 얼마 전부터 진밥을 요구한다. 진밥을 입에 넣고도 한참을 씹는다. 그뿐 아니다. 평소 아무렇지 않게 먹던 김치 줄거리를 질기다며 옆으로 밀어 놓는다. 나는 백발 영감도 되기 전에 무슨 투정이냐며 눈을 흘긴다. 물끄러미 나를 바라보던 남편은 고개를 숙인 채 묵묵히 밥을 먹는다. 설거지를 하면서 문득 남편이 몇 년 전부터 치과에 드나들고 있다는 사실을 떠올린다. 치아는 물론 잇몸이 허물어지고 있다는 증거다. 말없이 밥을 우물거리던 남편의 홀쭉한 뺨을 생각하자 명치끝이 아려 온다. 밥이 목숨과 다르지 않은 베이비부머 세대, 치아도 자존심도 허물어져버린 남편을 위해 매일 진밥을 지어 받친다.

 나는 단순 반복적인 일상을 견디지 못한다. 해도 해도 표 안 나는 집안의 허드렛일들이 그렇다. 때론 도를 닦는 심정으로 설거지나 청소를 한다. 세상에 밥 먹는 일보다 절실한 일이 흔치는 않을 것이다. 밥그릇을 부시는 일 또한 경건에 버금가는 일이어야 할 테지만 그보다 하찮게 여겨지는 일이 또 있을까 싶다. 폼나게 자기 일을 하는 사람들이 부럽다. 남의 손에 쥔 떡을 기웃거리며 제 안에 그늘을 만든다. 뽀득뽀득 그릇들을 닦으며 덕이란 마치 보이지 않는 그릇의 굽을 닦듯 해야 하는 것이라고 나를 다독인다.

속되다고 눈 아래 취급하던 트로트가 귀에 들어온다. 쉰이 넘어서다. 설거지를 하다 말고 주걱을 든 채 춤을 춘다. 주걱 끝에 묻어 있던 밥알이 바닥에 떨어져 밟혀도 개의치 않는다. 노래가 끝날 때까지 몸을 흔들며 씻김굿이라도 하듯 춤을 춘다. 이는 어쩌면 내가 그토록 폄하해 마지않던 트로트와의 화해, 트로트라면 요지가지 노래를 꿰고 있던 남편 취향에 대한 긍정의 몸짓인지도 모른다. 자기 속의 흥이 자연스럽게 발현하도록 자아를 개방하는 것, 욕망과 몸이 흥 속에서 어우러져 온전한 자기가 드러나게 하는 것, 어떤 리듬에 실리든 그것은 건강한 인간의 충동이다. 남편은 진작 트로트의 범속함이야말로 포장하지 않은 삶의 진면목임을 알고 있었는지 모른다.

무심코 바라본 싱크대 거울 속 여인의 얼굴이 편안해 보인다. 나는 주걱을 들고 허허롭게 웃고 있는 그녀를 향해 흔쾌히 엄지를 치켜 준다. 나는 달라졌다. 언제부터인가 집안의 자질구레한 일을 하면서도 콧노래를 흥얼거렸다. 남편의 고두밥과 진밥 사이의 그늘도 가슴으로 안았다. 결국 존귀와 비천, 삶의 그늘과 햇볕은 마음먹기에 달린 것이라는 만고불변의 진리에 안착했다.

나폴리 식당에 가면 포도주를 손에 든 해골 그림을 어렵지 않게 볼 수 있다고 한다. 조만간에 닥칠 자신의 운명을 돌아보라는 메시지일 테다. 화면에 클로즈업 되는 해골의 뻥 뚫린 두 개 눈이 낯설지 않다. 나는 그 검은 눈에서 오거리 한복판에서 보았던 남자의 공허한 눈빛과 아버지의 풀죽은 눈빛을 본다. 모텔 앞 꽃잎들에게서 본 요염한 눈빛, 핸드폰에 고개를 박고 키득거리던 노숙자의 무심한 눈빛도 본다. 아니, 쓸쓸하게 나를 바라보던 남편의 눈빛과 밥주걱을 들고 막춤을 추던 한 아낙의 허허로운 눈빛도 본다. 해골의 검은 눈은 세상의 그늘진 눈과 닮아 있었고 동시에 모든 눈빛을 무화시키는 절대 고독과 어둠을 지니고 있었다. 이제까지의 혼돈과 방황에 종지부를 찍는 서늘한 눈이었다.

저 엄연한 종착지에 이르는 길은 여러 갈래일 것이다. 어떤 길을 선택하느냐는 결국 각자의 몫일 테다. 시기와 우연이 만들어내는 가혹한 운명의 조건 속에서 그늘을 극복하고 바닥에 삶을 세우는 일은 결코 호락호락하지 않다. 그동안 나는 세상의 터럭 하나 구원하지 못할 연민을 의무인 양 끌어안고 살았다. 그 바람에 그늘에 치여 산 날이 많았다. 인생의 그늘 독법에 비법은 없었다. 자신을 긍정하며 밀고 나가는 길밖에는. 대신 깊이를 얻었고 세상과 어우러져 사는 지혜를 얻었다. 비로소 깨닫는다. 나를 일으켜 세운 것은 그늘의 힘이었다는 것을.

말을 알아듣는 꽃

 길가에 핀 꽃이여, 말을 알아듣는 꽃이여, 뭇 남자를 취하게 하고 길이 이름을 남긴 노류장화여. 서쪽 부안에 지지 않는 꽃 매창梅窓이여.

 부안읍에 들어서니 '매창로'란 이정표가 먼저 나그네를 반긴다. '창가의 매화'란 뜻을 지닌 향기로운 길쯤 되려나. 한 떨기 해어화* 매창, 꽃은 지고 없건만 수백 년 지지 않는 향기를 전하는 내력은 무엇일까.

 한때는 '매창이뜸'이라고 불리던 공동묘지였으나 이제는 부안의 명물이 된 매창공원. 이화 나무 그늘 아래선 마을 어른들의 장기판이 한창이고, 정갈하게 다듬어진 매창의 무덤가엔 햇살과 바람만 희희낙락이다. 애잔한 눈길로 비문을 더듬노라니 어디선가 구슬픈 거문고소리 들려오는 듯

하다. 죽어 이토록 아낌과 기림을 받는 기생이 있을까. 제 이름을 지닌 단행본 시집에, 제 시비가 호위하듯 둘러선 공원의 주인공. 게다가 무덤까지 지방기념물 65호로 지정되는 영예를 안았다.

매창은 한시·가사歌詞는 물론, 가무·현금에도 능한 조선중기 최고의 시기詩妓였다. 뿐만 아니라 자신의 상처보다 상대의 아픔을 더 헤아릴 줄 아는 결 고운 여인이었다고 한다. 매창이 죽자 고을 아전들은 시 수백 편 중 애창되던 58수를 묶어 ≪매창집≫을 발간했고, 이름 없는 민초들까지 나서서 조촐한 돌비석을 세워 주었다. 근래에는 그녀의 이름을 건 다양한 문화제 행사에 유림이 주관하는 묘제까지 부안 사람들의 매창 사랑은 남다르다.

서림공원의 금대琴坮 혜천惠泉은 매창이 시름을 달래며 거문고를 뜯었다는 장소다. 매창공원과 지근거리에 있어서 무장무장 걸어 올라도 좋은 곳이다. 그 옛날, 관아와 고을이 한눈에 내려다보였을 나지막한 언덕에 매창의 시비가 마을을 굽어보고 있다. 금대라고 새겨진 바위엔 담쟁이덩굴이 기어오르고 매창이 목을 축였다는 샘터엔 잡초가 무성하다. 속절없이 떠나보낼 수밖에 없는 사랑이라니 얼마나 허망했을까. 눈물 젖은 노래인 양 바람의 수런거림만 숲에 가득하다.

이화우 흩날릴제 울며 잡고 이별한 님/ 추풍낙엽에
저도 날 생각하는가/ 천 리에 외로운 꿈만 오락가락 하
노라

- 이매창 〈이화우〉

기생 어미 탓에 천역賤役을 대물림해야 했던 매창은 걸음마를 시작하면서부터 기생 수업을 받았고, 열두 살 무렵 비녀를 올렸다 한다. 그 후 매창은 바람처럼 스쳐가는 남정네들을 숱하게 품었으리라. 세상에 허무한 것이 그네들에게 정 주는 일임을 온몸으로 알았을 그녀. 어떤 이는 매창이 평생 한 사람만을 사랑했다 하고, 또 어떤 이는 모든 사람을 사랑했다고 말한다. 진실이 어떠하든, 시 속에서 드러나는 매창의 인간적인 면모는 낮은 자리에서도 사람들을 두루 끌어안을 줄 알았다는 것이다.

사람들은 흔히 매창과 유희경의 사랑을 입에 올리지만 나는 허균과의 관계에 더 마음이 끌린다. 허균은 매창과 십 년 넘게 교유를 나누면서도 "비록 우스갯소리를 즐기기는 했지만 어지러운 지경에까지 이르지는 않았다."고 술회했다. 제대로 플라토닉 러브를 한 것이다. '성소부부고'에서는 허균이 매창이 죽었을 때 "한바탕 소리 내어 곡을 하고 율시 2편을 지어 애도했다."고 알려준다. 남녀 사이에 은근한 수작이 왜 없었을까만 매창은 끝내 살수청을 들지 않았고

오래도록 시들지 않는 우의를 나누었다.

매창이 혁혁한 문사들과 당당하게 교유하며 시문을 논할 수 있었던 것도 당대 최고의 지식인이자 문장가였던 허균의 높은 평가 때문이었다. 많은 문인들이 그녀와 시를 주고받기를 원했고 그를 통해 매창은 조선 최고의 시기라는 명성을 얻었다. 기생이라는 신분 때문에 삼종지도라는 조선 시대 유교 윤리관에서 벗어나 권필이나 한준겸, 유희경, 이귀 같은 내로라하는 시객들과 시문을 논하며 여한 없이 자기의 재주를 펼칠 수 있었던 것은 역설적 축복이라 해야 하리라.

매창은 스스로 호를 지어 가질 만큼 자의식이 강했다. 서얼 출신의 개혁적 성향을 가진 허균의 벗들을 접하면서 자신의 정체성에 대해 생각할 기회를 가졌을 것이다. 그에 더해 허균과 함께 불교 도교를 공부하고 참선하면서 자신의 존재 이유와 가치를 찾게 되지 않았을까. 그녀의 말기 시에 자연의 섭리를 좇아 인생을 관조하고 참선을 통한 내세를 그린 내용들이 등장하는 것도 그런 배경에 있지 않나 싶다.

부안읍을 벗어나 벚나무가 터널을 이룬 오리 길을 구불구불 달리다보면 능가산 울금바위 아래 개암사가 모습을 드러낸다. 절 왼쪽으론 천 년 고찰을 지켜온 고목이 우뚝하고, 오른쪽 산비탈엔 순하게 이랑진 차밭이 눈길을 끈다. 돌계단 중간쯤 올라 고개를 들면 개암사의 대웅전이 한눈에 들어온다. 개암사는 아전들이 주선하여 처음 《매창집》을 목판본으로 엮어낸 곳이다. 절간 살림이 거덜 날 정도로 많이 찍어내는 바람에 목판본을 불사르게 되었다니 요새로 치면 베스트셀러쯤 되나보다.

먼발치로 스친 월명암이며 어수대까지 부안 곳곳에 남아 있는 매창의 흔적은 자못 선명하다. 그러나 만인의 연인이면서 한 남자의 그 무엇도 되지 못한 채 홀로 죽어간 비운의 여인. 그녀로선 어쩌면 영원히 잊고 싶은 천역의 삶이었을지 모른다. 유언대로 그녀는 평생 고락을 같이 해온 서문고와 함께 묻혔다.

매창의 흔적을 좇아 부안을 더듬다 마침내 채석강 노을 앞에 앉는다. 내 뒤로는 수만 권의 책이 꽂힌 층암절벽 서가가 장엄하게 둘러서 있다. 누가 서가에서 책 하나를 빼내 일몰의 바다 한 페이지를 내 앞에 펼쳐 놓은 것일까? 갈매기가 그 위를 날며 한 줄의 행이 되어 끝없이 밀려오는 파도를 읽는다. 나도 따라 매창의 시 한 수를 읊조린다.

> 千年 옛 절에 임은 간데없고/ 「御水臺」 빈터만 남아 있고나/ 지난 일 물어 볼 사람도 없이/ 바람에 학이나 불러볼꺼나
>
> 이매창 〈어수대〉

누가 꽃에게 이토록 아름다운 글의 씨앗을 심어 주었을

까? 해어화에 취하고 노을에 취한 저녁, 속절없이 흔들리고 흔들린들 어떠리.

*해어화: 말을 알아듣는 꽃이란 뜻(기생에게 붙여졌던 이름)
*참고자료: 부안문화원 발행 〈매창전집〉

도 긴 개 긴

　중고 서점에 갔다. 주인은 두꺼운 뿔테 안경을 코에 걸친 채 졸고 있었다. 오래 묵은 책들이 건네는 말들에 귀기울이다 나는 비몽사몽 책들의 '썰전' 속으로 이끌려 들어갔다.
　히스토리歷史 씨가 먼저 입을 씰룩거리며 심술궂은 어조로 입을 열었다.
　"오늘은 어떤 족속들이 들어오나 보자고."
　인문人文 씨가 시큰둥한 표정으로 말을 받았다.
　"십중팔구, 그럴싸하게 뻔뻔한 수사로 칠갑을 한 자기계발 족이거나 당의정을 잔뜩 입힌 잡문 족, 아니면 팔자 좋은 트래블 족들의 식상한 여행기거나…."
　가려운 입을 참지 못하고 엉덩이를 들썩이던 애니Ani 씨가 말을 가로챘다.

"요즘은 애니나 게임이 대세야. 화려하고 자극적인 그림, 짤막한 대화, 짜릿하고 시원한 결말, 캬아! 성질 급한 사람들 입맛에 딱이라니까. 인정사정없이 때려 부수고 무자비하게 피를 흘리고 보복하며 환상의 오르가즘을 선물하는 성인물까지… 우리만큼 화끈하게 카타르시스를 제공하는 족속도 없을 걸. 암!"

인문 씨가 눈살을 찌푸리며 냉랭한 어조로 말을 받아쳤다.

"애니, 너무 나대지 마. 그만큼 쉽게 잊히는 것도 그대들이지. 세상이 이만큼 질서 있게 돌아가는 게 누구 때문인데. 바로 고리타분하고 허황되고 돈 한 푼 되지 않는다고 구박받는 우리 인문 족들 때문이라네. 사람들의 의식과 정신을 건전하게 자극하는 인문 족이 아니었다면 세상은 진작 암흑과 카오스 상태가 되고 말았을 걸."

히스토리 씨가 의도를 알 수 없는 애매한 표정으로 말을 이었다.

"근본 없이 무슨 이야기가 성립되겠나. 그래도 역사가 있어서 세상을 일목요연하게 볼 수 있는 거지. 인간세의 흥망성쇠가 몽땅 내 안에 기록되어 있지 않던가. 사람들이 통찰력을 가질 수 있는 건 모두 내 덕분이 아닌가 싶네. 그런 혜안을 가진 사람이 많지 않다는 게 안타깝지만 말이야."

계발啓發 씨가 아니꼽다는 표정으로 말했다.

"글쎄, 뭐 세상이 어디 통찰력만으로 살 수 있나. 주위를 둘러봐. 세상은 온통 머니와 쾌락 컨셉이라고. 역사 속의 유장한 흐름, 통찰력, 말은 좋지. 하지만 그 느린 흐름에 시간과 돈과 마음을 쏟을 사람이 얼마나 될까? 사람들은 당장 위로받기를 원한다고. 쌈박하게 반짝거리면서 뭔가 당장 이루어질 것 같은 확신 말야. 생생하게 돈이 눈앞에 보이게 해야 한다니까. 자기계발이야말로 사람들의 비위를 맞추는 데는 안성맞춤이지."

트래블travel 씨가 거들먹거리며 끼어들었다.

"속도와 스트레스로 숨 가쁜 세상에서 나만큼 사람들에게 위로를 주는 책도 없지 싶은데 말이야. 주변을 좀 보라고. 온갖 여행정보들로 넘쳐나잖아. 사네 못 사네 해도 무슨 때 되면 공항에 사람들 미어터지는 것 좀 보라고. 멀리 볼 것도 없어. 꽃 폈다고, 단풍 든다고 도로마다 차량들 나래비 선 거 이젠 뉴스도 아냐. 덩달아 맛집까지 신바람 났더구먼. 인생 뭐 별거 있나. 뭘 그리 심각해. 케 세라 세라! 카르페 디엠!"

한구석에서 진지하게 귀를 기울이던 수필隨筆 씨가 차분한 어조로 말을 꺼냈다.

"인생은 하루란 날들로 이어지지. 그 소소한 하루의 일상들이 바로 우리네 삶 아닌가. 그 삶을 표현하는 게 수필이지. 과장도 잘난 척도 하지 않는 그저 평범하고 수수한 사람들의 이야기. 잔잔하게 뜨겁게 온갖 삶의 편린들이 기록된 수필이야말로 인생의 진면목이라 말하고 싶어. 자기 고백적인 이야기 속에 담긴 성찰이야말로 이 세상의 균형을 잡아가는 힘이 아닐까. 해마다 쏟아져 나오는 수필집 숫자도 여느 베스트셀러에 못지않을 걸. 물론 개중엔 개나 소나 쓴 글이라고 비난받는 것들이 있긴 하지만. 이젠 제법 자성의 목소리가 나오기도 한다네. 나무와 독자들에게 덜 미안한 글을 써야 한다고 말이야."

고전古典 씨가 긴 침묵 끝에 어깨를 으쓱이며 말했다.

"듣고 있자니 가관이군. 잘난 거에도 기준이 있다네. 영원히 살아남으려면 나처럼 정통 고전문학의 반열에 올라야 한다고. 그 누구도 내 명성에 이의를 제기하진 않을 걸. 솔직히 수필 그거 뭐 아무나 쓰는 거 아닌가. 붓 가는 대로란 말을 왜곡하여 되는대로 쓰고 마구잡이로 쏟아내는 게 무슨 문학이란 말인가. 몽테뉴의 수상록이나 루소의 고백록쯤은 되어야 서가에 꽂힐 자격이 있지. 자기계발, 그게 책이었던가? 그건 가짜 확신으로 사람들을 기만하는 상술 아닌가? 그리고 애니, 재미있으면 장땡인가? 가상과 현실을 구분 못하는 무뇌아에 범죄와 성충동을 유발하는 그 책임은 어떻게 질 텐가? 인문, 예전엔 제법 내 상대가 되었는데 요즘엔 너도나도 인문이란 이름을 달고 나와 완전 허풍선이가 된 느낌이야. 기왕 말이 나왔으니 말인데 인문, 자네에게 이름값 제대로 하라고 충고 한 마디 하고 싶네."

참을성 없는 애니가 체머리를 흔들며 비꼬듯 말했다.

"지금이 어느 세상이라고 명작이란 훈장을 들먹이나. 아는 사람은 다 알지. 돈이면 얼마든지 명작, 명품이 만들어지는 세상이라는 걸. 고전 씨가 좀 잘난 구석이 있는 건 인정하지만 너무 안하무인인거 아냐? 빨주노초파남보, 인생은 다양성이야. 서로 어우러져야 해피한 삶이 이루어진단 말이지. 명작의 반열에 올라 있음 뭐하나. 가장 읽히지 않는 게 고전이란 말도 못 들어봤나. 어떻게 허구한 날 정식만 먹나. 하루 한 가지씩 먹어도 다 못 먹고 죽을 만큼 종류가 많은데 말이야. 걍, 냅두셔. 입맛대로 골라먹게. 지금 세상은 초감각이 지배하는 세상이고 우린 그 변화에 적응한 아주 영리한 족속이거든."

윤리倫理 씨는 아예 코를 골며 깊은 잠에 빠져 있었다.

고개를 외로 꼰 채 구석에 처박혀 있던 철학哲學 씨가 중얼거리듯 말했다.

"내 존재는 잊힌 지 오래야. 내 입에선 지금 곰팡내가 난다고."

분위기가 썰렁해지자 계발 씨가 부드러운 어조로 말을 바꿨다.

"좋아, 좋아! 그렇다 치자고. 다툼은 인간 세상의 일로 족하니. 아무튼 저들 세상이 잘 돌아가야 우리도 세상 빛을 자주 보지 않겠나. 이 서점에 들어 온 지 일주일째인데 사람들이 들춰보기만 하고 그냥 나가는 걸 보면 자기계발 붐도 한물 간 게 아닌가 싶네. 변화된 입맛에 맞는 새로운 메뉴를 개발할 때가 된 것 같아."

인문 씨가 침착한 어조로 마무리 멘트를 날렸다.

"자본과 인간의 탐욕이 맞물려 세상이 갈수록 혼탁해지고 있어. 단순히 잘 팔리고 안 팔리고를 좋은 책의 기준으로 삼을 수는 없을 것 같네. 우리끼리 잘났다고 떠들어봤자 세상이 달라진 게 없으니 다 헛것일세. 각설하고, 나는 초심으로 돌아가 보다 근본적인 인간 문제에 시선을 돌리도록 애써 볼 참이야. 각자 자신의 자리로 돌아가 우리가 과연 인간의 행복을 위해 무엇을 기여했는지 점검해 보세. 자, 오늘의 '썰전'은 이것으로 마치도록 하지.

'썰전'은 진부하게 끝났고, 나는 미망의 어지러운 꿈속을 헤매다 빈손으로 서점을 빠져 나왔다.

의자왕 가라사대

 "어찌 오셨는가?/ 방금들 많이 다녀가셨지…/ 흔하게 많이들 오는 그 사람이신가?"

 왜 아니랴. 유적지를 찾을 때마다 나는 여전히 '흔하게 많이들 오는 그 사람'을 면치 못한다. 유적의 내력보다 눈에 보이는 것들을 일별하는 것에 그치기 때문이다.

 패망한 백제의 도읍지 부여. 그곳에 대한 나의 기억 역시 의자왕과 삼천궁녀, 낙화암, 부소산성에 건조하게 머물러 있다. 아무런 깊이도 넓이도 없이 그저 일렬횡대로 얻어들은 정보가 전부다. 그보다는 언젠가 부소산성에 올라 낙화암으로 가는 길의 소나무 숲 바람소리가 더 오랜 여운으로 남아 있다. 문학기행지인 부여로 출발할 때도 지레 감성의 결을 출렁이게 한 건 바로 그 바람소리였으니.

능산리陵山里 고분古墳에 들어선다. 세월에 깎이고 다듬어진 옛 왕릉의 능선들은 편안하고 아늑하기조차 하다. 영욕의 세월을 내려놓고 오래 전 한 줌 흙이 되었을 왕과 귀인들의 무덤. 천 삼백 사십 년의 시간을 거슬러 당시 풍전등화의 백제 운명을 떠올리는 일은 왜 그리 아득한가.

백제만큼 남아 있는 유물이 적은 나라도 없다 한다. 남아 있는 것이라곤 고분, 탑만 휑한 절터, 무너진 성곽 그리고 불교 유물과 금제 장식, 토기 항아리 등이다. 학자들은 패망이 그 원인일 것이라고 지적한다. 춘원 이광수도 한 기행문에서 '쓸쓸함이 역사의 값이라면 부여만큼 고적다운 고적은 없을 것'이라고 역설적인 표현을 한 적이 있다. 사람들이 백제에 대해 좀 더 애틋한 정서를 갖게 되는 것도 그 때문 아닐까.

몇 년 전 낙양洛陽에서 발견된 예식진禮寔進의 비문을 통해 백제 패망의 비밀이 밝혀진 적이 있었다. 웅진성을 지키던 장수 예식禮植(예식진과 동일인물)이 의자왕을 배반, 나당羅唐의 편에 가담했고, 믿었던 도끼에 꼼짝없이 발등을 찍힌 왕은 그날 밤 포로가 되어 적국의 수장에게 술을 따르는 굴욕을 겪었으며, 예식은 반역의 공로로 정3품의 벼슬을 얻고 평생 당황제의 총애를 받았다는 충격적인 내용이었다. 아마 사전에 얻은 이러한 배경지식이 없었다면 나 역시 단순한 기행자의 낭만으로 유적지의 무덤들을 훑는데 그쳤을

지 모른다.

 배신은 쓰라리다. 그 배신 때문에 한 나라의 명운이 끊겼다면 그보다 통한한 일은 없으리라. 천 년 세월을 훌쩍 넘어 한 줌 고혼으로 패망한 땅에 돌아와 가묘假墓에 누운 의자왕의 심정이 그러하지 않을까.

 의자왕은 사치와 향락으로 나라를 망하게 했다는 오명을 벗을 수 있었으나 일국의 왕으로서 내우內憂를 제대로 다스리지 못한 책임까지 면할 수는 없을 테다. 충신은 내치고 예식 뿐 아니라 그의 왼팔 노릇을 했던 좌평左平 임자任子마저도 김유신과 내통하여 백제의 멸망을 거들게 했으니 그의 인사가 지혜롭지 못했다는 비판은 면하기 어렵겠다.

 占風異域 就日長安점풍이역 취일장안. 예식이 주군을 배반하기 전 바람의 방향을 헤아리면서 어느 줄에 서야 할지를 점쳤다는 글귀다. 그는 치명적인 반역자로서 700년 역사의 백제가 무너지는 현장에 중심인물이었고 그에 대한 공으로 평생의 영달을 보장받았다. '목적을 위해선 수단 방법을 가리지 않는 비열함도 불사하라'는 마키아벨리의 군주론은 마음에 들지 않지만 현실은 인간에 대한 그의 통찰이 예리했음을 알려준다. 예식뿐 아니라 수시로 말을 바꾸고 줄을 갈아타는 요즘 정치판에도 그의 처방이 맞아떨어진다는 건 서글픈 일이다.

 백제의 굴욕적인 패배의 흔적은 정림사지 오층석탑에도

뚜렷이 새겨져 있다. '정림사지는 백제의 명운과 직결된 상징성의 공간이다. 그 탑 하단부에 당나라 장수 소정방이 '백제를 정벌한 기념탑'이라고 낙인처럼 새겨 한때 평제탑 平濟塔이라 불렸었으니 패전국의 치욕과 슬픔이 오죽했을까 싶다. 발굴 작업을 통해 탑의 연대와 절 이름이 밝혀진 것도 근래의 일이다. 온전히 백제 시대의 이름은 아니나 평제탑이란 오명을 벗게 된 것만도 다행이라 해야 할지. 부여 패망의 일주일 동안 치솟는 불길 속에서 고스란히 그 참상을 지켜본 오층석탑이야말로 진정한 백제 패망의 증인이라 해야 하리라.

한 나라의 패망에는 여러 요인이 있을 터이다. 그 해석은 역사가의 관점이나 입장에 따라 달라지기도 한다. 대개 역사는 승자의 입장에서 기록되며 왜곡되기 마련이다. 백제 패망의 요인을 오로지 의자왕 개인에게만 돌리는 것이나 과장되고 윤색된 삼천궁녀의 전설 같은 것 등이 그러하리라. 그럼에도 패망을 가져온 필연적인 요인들은 분명히 존재하고 그러한 사실들을 숙고하는 것은 난세를 사는 우리에게 통찰력을 갖게 해줄 것이다. 비로소 알 듯싶다. 저 무연하게 들리는 부소산성 바람소리의 의미를. 의자왕 가라사대, '실패를 통해 배우지 못하면 다시 실패할 수밖에 없느니!'

햇볕 한 줌

 느릿느릿 짠지를 꺼내 담던 할머니가 한 말씀 던지신다.
 "내 짠지는 절대 안 물러."
 할머니와 마주 앉아 막걸리를 들이키던 할아버지가 재쳐 거든다.
 "암만, 먹어 보면 알지."
 대접에 투박하게 썬 짠지가 담겨 있다. 길가에 흩날리던 벚꽃이 고명처럼 얹혀 있다. 손가락으로 하나를 건져 먹는다. 아작아작 씹히는 느낌이 좋다. 간이 세다. 절대 무를 일 없다는 할머니의 말은 믿어도 좋겠다.
 노점 장사 수십 년, 할머니의 얼굴은 제 색을 잃은 지 오래다. 땡볕과 눈보라를 버텨내며 검붉게 굳은살이 박인 얼굴, 옹이 같은 생의 흔적이 역력하다. 허리 휘고 뼈마디 성한 데 없는 몸이지만 눈가엔 소싯적 고운 기색이 남아 있다. 그에 비하면 할아버지 얼굴은 희멀끔한 편이다. 이 서말 가진 홀아비로는 보이지 않는다. 과묵해 뵈는 할머니에게 말을 거는 쪽도 할아버지다. 자분자분 건네는 말꼬리가 살갑다.

두 분은 어떤 사이일까. 오며가며 두 분이 마주 앉아 술을 마시는 걸 본 적이 있다. 어느 궂은 날 비설거지를 거들던 할아버지를 본 적도 있다. 오늘은 꽤 다정해 보인다. 검붉던 할머니 얼굴에 감돌던 홍조는 단지 술기운 탓이었을까. 선뜻 손을 내밀지 않는 내 모습에 말을 거들던 할아버지의 살뜰한 표정은 그저 단순한 영감님의 조바심 같지 않다.

신호가 바뀌는 시간은 삼분 남짓. 무심결에 주고받는 두 분의 말을 엿듣다 신호를 놓친다. 나 때문에 끊어졌던 이야기가 조곤조곤 이어진다. 할아버지는 줄곧 할머니의 안색을 살피는 눈치다. 할머니는 할아버지가 따라주는 술잔을 받아 기울일 뿐 별 대꾸가 없다. 안달이 난 할아버지의 말이 길어진다. 보일 듯 말 듯 할머니의 얼굴에 미소가 스친다. 그제야 할아버지는 안도의 숨을 내쉬며 술잔을 비운다. 칠순 훌쩍 넘게 옹이 진 세월을 살아 온 여인의 마음을 여는 일이 쉽지는 않을 테다.

'눈 흘길 사람이라도 있으면 좋겠어.' 일찌감치 혼자 된

친구의 말이 떠오른다. 할머니 역시 이 무슨 남세스러운 일이냐고 물리치면서도 수시로 찾아와 말을 걸어주는 할아버지가 싫지 않았을 것이다. 여자 남자의 경계를 진작 넘어서 버린 나이. 뜨겁고 달달하지 않으면 어떤가. 데일 것 없는 덤덤한 마음에 스미는 온기도 나쁘지 않다. 꽃 피는 시절에는 알 수 없었던 그늘의 깊이 어루만지며 볕이 되어주는 관계, 아버지의 마음도 저와 같았을지 모른다.

"엄마 돌아가신 지 얼마나 됐다구 할머니를 드나들게 하세요."

아버지 입가에 경련이 일었다. 잠시 침묵이 흘렀다. 아버지는 쉰 목소리로 짧게 대답했다.

"알았다."

어머니 살아계실 때 종종 마실을 오던 이웃집 할머니였다. 영감님은 오래 전에 돌아가셨고 칠순을 훌쩍 넘기셨지만 꽤나 곱상한 얼굴을 가진 분이었다. 동병상련의 처지인지라 허물없이 위로라도 나누고 싶은 마음이었을 것이다. 아버지 역시 이웃집 할머니의 살가운 위로가 싫지 않으셨을 것이다. 철없는 자식은 제 슬픔이 더 커서 병든 몸으로 아내를 먼저 보낸 아버지의 마음을 다 헤아리지 못했다. 어머니 안 계신 집에 할머니가 드나든다는 것만으로도 마음이 상했다.

아버지는 지은 죄도 없이 자식 앞에 고개를 숙였다. 그늘진 뒷방으로 거처를 옮기고 일체 외출을 하지 않으셨다. 가끔 베란다에 나와 앉아 지나가는 사람들을 물끄러미 바라보다 들어가는 게 전부였다. 할머니는 더 이상 걸음을 하지 않았고 텔레비전이 아버지의 유일한 벗이 되었다. 아들은 무심한 데다 바빴고 딸들은 제 편할 때 왔다 훌쩍 가고나면 그만이었다. 아버지는 아내 잃은 상실감을 끌어안고 홀로 병든 몸을 추슬렀다.

내가 무슨 짓을 저질렀는지 깨달았을 때 아버지는 더 이상 곁에 계시지 않았다. 할아버지가 건네는 막걸리 한 잔에 노점상 할머니가 신산한 세월의 옹이를 풀어내듯, 아버지에게 이웃집 할머니의 따뜻한 위로는 한 줌 햇볕 같은 것이었으리라. 절실함과 진심이 만나는 자리에 무슨 윤리의 냉혹한 잣대를 들이댄단 말인가. 홀로 된 노부老父의 적막에 위로커녕 한 줌 햇볕조차 차단해버리다니. 아버지는 예민한 자식의 마음을 다치지 않게 하려고 한마디 변명도 달지 않으셨다. 아버지 가슴에 박았던 대못은 시퍼런 멍이 되어 내 가슴에 남았다.

사거리 할머니의 좌판엔 봄이 무르익고, 위로처럼 꽃잎이 쏟아져 내렸다. 나는 두 번이나 푸른 신호를 놓친 뒤에야 겨우 길을 건넜다.

거미

 녀석과 눈이 마주쳤다. 아니, 내가 일방적으로 쳐다보았다고 하는 게 맞을 것이다. 언제부터 녀석이 거기 있었는지는 알 수 없었다. 녀석의 등장으로 모처럼 즐기려던 오수의 꿈을 놓치고 말았다.

 저 정도 안정감이면 다짜가 뚝 떨어지는 일은 없을 것이다. 하지만 녀석의 기력이 쇠하거나 방심하여 떨어지는 경우도 예상해보지 않을 수 없었다. 만약 그 위치에서 직선으로 떨어진다면 충돌 지점은 누워 있는 나의 코나 입술 언저리가 될 것이었다. 생각만으로도 콧등이 근질거렸다.

 녀석은 도대체 어디로 들어온 것인가. 제 아무리 고공비행에 능하다 할지라도 아파트 13층은 결코 만만한 높이가 아니다. 게다가 베란다의 촘촘한 방충망을 뚫고 들어온 걸 보면 꽤나 용의주도한 놈일지 모른다. 어쩌면 집단의 구속이 싫어 인간의 거처로 피신해온 건방진 아웃사이더는 아닐까. 미물 주제에 감히 인간의 실내까지 쳐들어와 그것도 천장에 달라붙어 위협을 가하다니, 불쾌하기 짝이 없었다.

녀석과의 기싸움이 심드렁해질 즈음 전화벨이 울렸다. 통화가 미주알고주알 수다로 길어지면서 나는 잠시 녀석의 존재를 잊었다. 그리고 몇 페이지 안 남은 책을 마저 읽기 위해 자리를 옮기면서 녀석은 한동안 내 의식 밖으로 사라졌다.

저녁 설거지를 할 때였다. 개수대에 둥둥 뜬 검은 콩 껍질을 보는 순간 불현듯 녀석의 존재가 생각났다. 알맹이가 쏙 빠져나간 서리태의 통통 붇은 껍질은 색깔이며 모양이 녀석의 물컹한 등짝과 닮아 있었다. 물이 뚝뚝 떨어지는 고무장갑을 낀 채 거실로 달려가 녀석의 위치를 확인했다. 여전히 같은 자리에 껌딱지처럼 붙어 있었다. 등피에 느껴지는 탄력으로 보아 죽은 것 같지는 않았다. 알아서 제 갈 곳으로 가면 좋으련만 대관절 어쩌자는 것인가.

나의 곤충 학대 이력은 다양하다. 십 수 마리의 개미를 한꺼번에 엄지손으로 비벼 죽인 일, 2.5cm 가량의 바퀴벌레를 파리채로 단번에 때려잡은 일, 나방을 휴지로 인정사정없이 압사시킨 일 등등. 그러나 이번에는 손에 피를 묻히고 싶지 않았다. 쉰 줄을 넘기면서 성질이 눅은 것도 한 원인

일 테지만 진짜 이유는 카프카의 소설 《변신》에 등장하는 '그레고르 잠자'였다. 왠지 거미는 혼자 쓸쓸하게 죽어간 그레고르를 연상시켰다. 이 엉뚱한 동일시는 소외된 인간, 필경 스스로에 대한 연민일 것이었다.

싸움도 길어지면 경계가 느슨해지는 법, 나는 녀석이 제법 만만해졌다. 느긋하게 앉아 9시 뉴스를 보기도 하고 공연히 오지 않는 전화의 폴더를 습관적으로 여닫기도 했다. 문득문득 녀석이 벽을 타고 내려오는 상상으로 등이 가려웠으나 제 목숨 아까운 줄 알면 경거망동은 하지 않으리라 여겼다. 다행히 녀석은 내 깊은 잠속까지 쳐들어오지는 않았다.

이튿날 날이 밝자마자 천장을 확인했다. 어제 그대로였다. 슬그머니 자존심이 상했다. 태평하다 못해 의연하기까지 한 녀석의 태도 때문이었다. 사실 어제 녀석을 만난 이후 나는 은근히 그의 존재가 의식되어 뒤숭숭했던 것이다. 한낱 미물을 상대로 좌불안석이라니 체면이 말이 아니었다.

그간의 정황대로라면 녀석은 이틀째 금식 중인 게 틀림없었다. 우화등선의 소망을 품고 면벽수행이라도 하려는 것인가. 그의 요지부동이 묘하게 나의 신경을 건드리고 있었다. 전전긍긍 녀석이 헛된 미망에서 깨어나기를 기다렸다. 순전히 나의 평안과 자유를 위해서였다.

녀석의 동태를 살피는 일도 흐지부지 흥미를 잃어가던 사흘째 아침, 마침내 녀석이 종적을 감추었다. 그의 흔적을 찾아 집안 구석구석을 뒤졌다. 이 무슨 집착인가 싶게 수색은 철저했으나 녀석의 행방은 끝내 묘연했다. 알 수 없는 허망함 끝에 문득 죽비처럼 내려치는 한 생각. 미망에서 깨어날 사람은 바로 나라는 사실이었다.

혼밥족

 모처럼 식탁에 마주 앉는다. 입안의 밥알이 겉돌고 넘어가지 않는다. 물 말은 밥에 신 김치를 얹는다. 메던 목이 길을 터주며 겨우 밥알을 넘긴다. 밥그릇을 다 비우도록 식탁이 고요하다. 남편이 고개를 숙이고 마지막 밥알을 긁어모을 때 나는 휑해진 그의 정수리를 보고 있다. 그는 선 트림을 하며 의자에서 일어서고, 나는 식탁에 흘린 나물가닥을 주워 담는 체 시선을 비킨다. 엇갈린 두 시선이 잠시 허공에서 부딪친다.
 한때는 다정하게 머리를 맞대고 비둘기처럼 산 적이 있었을 것이다. 상대의 입에 제 먹을 걸 넣어주면서 달달한 말을 주고받기도 했을 것이다. 어느 순간 삶의 무게에 치받치며 틈이 생기기 시작했으리라. 그 틈이 세파 속에서 건널 수 없는 강이 되기도 한다는 걸 그땐 왜 몰랐을까. 메아리는 돌아오지 않은지 오래고 의무와 책임으로 건너는 시간은 건조하고 쓸쓸하다. 아슬아슬 한 가닥 연민을 붙잡고 오늘도 마주 앉아 밥을 먹는다. 세상엔 이런 혼밥족도 꽤 있으리.

 한 노인이 허리를 구부린 채 거리 의자에 앉아 도시락을 먹고 있다. 낡은 모자 아래로 허기진 얼굴이 보인다. 까칠한 수염에 밥알이 떨어져 대롱거린다. 떨리는 숟가락질, 표정 없는 얼굴에 이랑 깊은 주름살, 활처럼 휜 등에서 신산했을 한 생을 읽는다. 도시락을 비운 노인은 젖은 가랑잎처럼 의자에 쓰러져 까무룩 잠이 든다. 자전거에 아이를 태운 젊은 아빠가 바람을 일으키며 노인 곁을 스쳐가고, 솔기가 터질 듯 꼭 끼는 치마를 입은 학생들이 아이스크림을 빨며 무심하게 노인을 지나쳐 간다.
 저 노인도 왕년에는 잘 나가던 가장이었을 것이다. 한때는 사장님 소리를 들으며 가오를 잡던 시절도 있었으리. 아내에게 별을 따다주진 못했어도 고운 옷쯤 아무렇지 않게 사 입을 수 있는 돈을 챙겨주는 자상한 남편이었을지 모른다. 아이들에겐 제 목숨이라도 아깝지 않게 내주는 든든한 울타리였을 것이다. 친구들에게는 호탕하게 술값을 치르는 의리 있는 사내이기도 했으리라. 그런데 지금 그는 혼밥족이 되어 거리를 떠돌고 있다.

한 대학생이 도시락을 들고 화장실로 간다. 조심스레 주변을 살피던 학생은 민첩하게 구석진 화장실 안에다 도시락 가방을 푼다. 잠근 문을 두 번 세 번 확인한 다음 반찬그릇을 꺼내 양변기 수조 위에 늘어놓는다. 그리곤 밥통을 열어 조용히 밥숟가락을 뜬다. 가능한 소리를 죽여 씹어 삼킨다. 암모니아 냄새도 힐끔대는 친구들의 눈길보다는 견디기가 낫단다. 친구들은 그를 혼밥족이라고 부른다.

모 방송국 다큐 프로에 나왔던 청년이다. 거꾸로 생각해 본다. 청년은 자신에게 지극히 충실한 사람이었을지 모른다. 생각 없이 어울리는 '작당'이 싫었을 수도 있다. 사람을 더럽게 하는 건 입으로 들어가는 게 아니지. 사람들 마음에서 나오는 패거리 의식이지. 이런 '척' 저런 '척', 그 위선이 싫었던 걸 수도 있다. 무진 외로웠을 것이다. 하지만 그보다 더 힘든 건 영혼 없는 대화에 시간과 목숨을 죽이는 일이라 생각했을 테다. 어쩌면 그는 자발적 혼밥족이 아니었을까. 그럼에도 욕지기 나는 화장실에서 혼자 밥을 삼키는 젊은이라니.

지금 우리는 남녀노소 불문하고 파편화된 세상에 살고 있다. 혼자 살건 여럿이 살건 혼자 밥 먹기는 매일반이다.

거리에서, 공원에서, 편의점에서, 식당에서 스마트폰에 시선을 박은 채 혼자 밥 먹는 사람들을 보는 일은 이제 일상이다. 소통의 통로는 무제한 열려 있는데 사람들은 더욱 개인화되고 소외되어 간다. 급속한 고령화 증가에 출산율 저조, 장기 불황에 결혼조차 포기하는 사회 여건상 혼밥족은 갈수록 늘어날 것이다. 혼자 밥 먹는 것을 무조건 비관적으로 볼 일은 아니겠지만 행복하지 않은 개인들이 늘어나는 건 우울한 일이다.

오늘 저녁엔 남편의 정수리 대신 눈을 마주치며 밥 먹고 싶다.

오래된 풍경

'풍경은 자기 안의 상처를 경유하면서 해석된다.'고 하던가. 그럴지도 모른다. 풍경 속에서 떠올리는 것들은 대개 자기 안의 익숙한 어떤 것들이다. 자라면서 독특하게 기호화된 정서들은 어떤 풍경과 접촉하면서 순간적으로 발화한다. 돌아오지 않는 것들일수록 흡인력은 강하고, 그렇게 재생되면서 추억은 굳건하게 내장되어가는 것일 게다.

갈매기다방
서해안의 작은 포구 한진에 가면 '갈매기다방'이란 곳이 있다. 낡은 살림집의 내부를 개조해 만든 1970년대식 다방이다. 시멘트 날바닥에 놓인 다섯 개의 탁자와 분홍 비닐 커버를 씌운 의자, 장식이라곤 없는 휑한 벽 그리고 나이를 가늠할 수 없는 한 여자가 다방을 지키고 있다. "이 다방 생긴 지 삼십 년 됐대요." 여자는 묻지도 않은 말을 들려주며 석유스토브에 불을 붙인다. 긴 파마머리에 짧은 가죽반바지, 무릎까지 올라오는 부츠, 평범하지 않은 화장. 〈삼포 가는 길〉에 나오는 국밥집 여자 백화가 겹쳐진다. 오래 된 단편소설에나 나올법한 다방까지 흘러들어온 그녀의 순탄치 않았을 삶을 헤아린다. 텔레비전에선 신파 드라마가 재방송 중이고, 차 주문을 받는 여자의 말투는 오래 알고 지낸 사람처럼 허물이 없다. 다방이 아니라 이웃집에 마실 온 느낌이다. 하얀 사기잔에 내온 쌍화차가 꿀물처럼 달달하다. 손님이래야 뱃일을 마친 어부들이 십중팔구일 거고, 걸쭉하게 계란을 띄운 쌍화차만큼 허기를 달래주는 차도 없을 것이다. 반쯤 마시다 내려놓는다. 곰팡내와 함께 올라오던 지하다방의 쓴 커피 냄새는 오래도록 내 안에 남아 있던 젊은 날의 지문이다. 한 기억이 불러내는 애잔함은 낯선 포구의 옛날식 다방을 순식간에 정감 넘치는 풍경으로 각색시킨다. 여자는 다시 텔레비전에 시선을 박은 채 혼자 히히거리고, 희부연 유리창 너머론 12월의 마른 눈이 흩날리고 있다.

순덕할머니의 가을

순덕할머니는 내가 시골로 이사를 오면서 알게 된 이웃

이다. 영감님은 진작 돌아가시고 가교리 산자락 외딴집에서 홀로 산다. 하나 있는 딸자식도 제 앞가림하고 살기 바빠 얼굴 본 지 오래다. 흙집은 주인을 따라 얼기설기한 수숫대가 삐져나올 만큼 쇠락했다. 안방에선 오래된 괘종시계가 뎅그렁뎅그렁 느리게 열두시를 치고, 봉당에서 바장대던 햇살은 할머니의 꼬부라진 등을 어루만진다. 어쩌다 찾아오는 사람이라곤 건너 마을 사는 황가네 할머니뿐이다. 그나마 요즘은 관절통이 도져 마실 오는 횟수가 드문드문해졌다. 종일 말 한 자락 나눌 사람이 없으니 말 못하는 신세나 다를 바 없다. 벼농사는 접은 지 오래고, 텃밭을 가꾸는 일도 힘에 부쳐 올 농사가 마지막일 것 같다고 한숨을 쉰다. 수확이라야 마른고추 열 근 남짓, 마늘 예닐곱 접이 전부다. 그래도 면사무소에서 주는 정부미와 독거노인들에게 제공되는 반찬으로 이만큼 살 수 있다며 고마워한다. 할머니가 툇마루에 쪼그리고 앉아 명절에 쓸 고추꼭지를 딴다. 눅눅해진 고추꼭지를 따는 일은 생각처럼 쉽지 않다. 힘대로 잡아떼다 보면 꼭지 끝에 살점이 많이 묻어나간다. 꼭지만 똑 떨어지게 떼려면 끝을 바짝 쥐고 살짝 비틀어 잡아당겨야 한다. 손끝에 기운이 없으니 고추 한 소쿠리를 다듬는 것도 한나절 일거리다. 할머니는 혹시나 찾아올지 모를 자식을 위해 나박김치라도 담가야 한다고 말씀하신다. 벌써 수년째 얼굴도 안 비치는 자식이 야속하지 않느냐는 내 말에, "못 오는 그 심정은 오죽헐텨…." 그러면서 물 끄러미 대문 밖을 내다본다. 어릿어릿 흐린 눈에 물기가 돈다. 하루가 멀다 하고 전화를 거셨던 내 어머니의 마음이 저려했을 터다. 마당가 늙은 밤나무 쭈그렁밤송이 하나, 제풀에 툭 떨어진다.

웃음

한 장의 흑백사진에 시선이 박힌다. 사진작가 이형록의 〈우리집〉이란 작품이다. 배경은 1950년대 면목동. 흙벽에 낸 바라지 창 사이로 한 아이가 해맑게 웃고 있다. 동글 넙데데하니 복스러운 얼굴이다. 호기심을 이기지 못하고 깨금발을 했을 아이의 무구한 눈빛이 사랑스럽다. 아마도 골목엔 동네 꼬맹이들의 지껄임이 왁자할 터다. 다부진 굴뚝이 수호신처럼 흙담집의 온기를 지킬 테고, 손끝 야문 아버지 그늘 아래 아이는 푸른 나무처럼 자라겠지. 연기에 검게 그을리고 갈라진 흙벽 위로 쏟아지는 햇살은 또 어찌 그리 자애로운가. 한참을 서서 아이의 얼굴을 바라보다 나도 모르게 웃고 있는 나를 본다. 비루한 삶의 풍경을 전복시키는 치유의 웃음, 살아 있는 벽화다. 새벽 군불을 때는 소리와 함께 문틈으로 스미던 청솔연기에 잠 깨어 나른하게 뒤척이던 어린 시절, 그때 내 웃음도 저리 환했을까. 문득 잃어버린 나의 웃음과, 더 이상 '즐거운 우리 집'을 노래하지 않는 고독한 개인들을 떠올린다. 60년 남짓한 세월의 눈부신 변화는 우리 마음의 황폐를 대가로 이루어진 것인지 모른다. 이 풍요로운 물질문명의 시대에 사람들이 느끼는 마음의 가난은 잘 웃지 않는 얼굴로 드러난다. 아니, 웃음조차 상품화 되어버린 세상이다. 과연 웃음을 내어주고 우리가 얻은 것은 무엇일까. 더 이상 우리 집일 수 없는 이 시대 '우리'의 부재, 그것의 성찰에서 잃어버린 나의 웃음을 되찾을 수 있을까.

잃어버린 시간 속으로

오래 된 풍경 속에서 내가 만나는 것은 결국 나의 흔적들이다. 잊힌 채 잠들어 있던 내 안의 기억들이다. '기억이 없으면 나도 없다.' 는 말은 결코 과장이 아니다. 낡은 풍경 속에서 풀려나온 기억의 한 끄트머리가 풍화된 추억을 재현해낼 때 나는 오롯이 잃어버린 시간과 재회한다. 회억의 정서란 다분히 낭만 일색이기 쉽지만 때론 외면하고 싶은 상처와 화해의 대면이기도 하다. 굳이 기쁨이 아닌들 어떠랴. 나는 가끔 그 풍경들과 만나고 싶다. 그리고 마침내 그 풍경과 하나가 되어도 좋겠다.

밀당의 미학

선생은 매의 눈빛으로 교습생들을 둘러보았다. 범인이 누군지 이미 알고 있는 눈치였다. 나는 풀 죽은 얼굴로 손을 들었다. 내가 바로 박자를 놓치는 바람에 잘 나가던 기타합주를 망친 범인이었던 것이다. 등 뒤로 사람들의 나지막한 웃음소리가 들렸다.

나는 '밀당' 즉 밀고 당기는 데에 서툴렀다. 특히 타이밍에 맞춰 밀고 당기고 멈추는 연주기법은 보통의 촉으로는 되지 않았다. 마음은 조급하고 손은 무능했다. 게다가 기본기도 부실했다. 진도에 급급하여 그 단계를 건성 훑고 지나친 것이다. 본격 연주에 들어가자 금세 바닥을 보였다. 걸핏하면 박자에서 이탈했고 허겁지겁 쫓아가느라 바빴다. 선생의 말대로 나는 결국 로망스까지 배우다 포기하는 보통 사람들의 대열에 합류하고 말았다.

애당초 예상된 불화였다. 연하고 말랑한 살과 차갑고 날카로운 쇠줄의 만남이 어찌 순탄할 것인가. 민감한 손가락은 기타 줄의 금속성 실감에 실색했다. 줄은 요령 없이 잡아당기는 무식한 손길에 불협화음으로 응수했다. 독선적인 머리는 융통성 없이 연습을 강요했고 손은 우직하게 제 속도를 고집하는 바람에 가슴만 조바심을 쳤다. 줄은 정확히 감성의 현을 자극하지 않으면 결코 제 소리를 내주지 않았다. 피부의 칠갑과 탈피를 거듭하며 손과 줄은 겨우 안면을 튼 사이가 되었으나 갈 길은 여전히 멀었다.

사람의 관계도 그랬다. 관계의 묘미는 '밀당'에 있다는 듯 그 비결에 대한 책들이 쏟아져 나왔다. 소소하게는 남녀 사이의 단순한 연애사에서부터 사업상의 거래에까지 '밀당'이 관여하지 않는 곳이 없을 정도였다. 고난도의 '밀당'에 능통할수록 묘미는 극대화되고 경직된 관계는 근육을 풀고 말랑해졌다. 비례해 따라오는 이득도 컸다.

'밀당'에도 복병은 있었다. 자존심이었다. 유일신 자본주의가 보기에 그것은 하수의 처세였다. 고수는 일보 후퇴 이보 전진을 위해 기꺼이 '존심'을 조절하는 영악함이 있었다. 일보 후퇴가 가져다주는 손익 계산에 빨랐던 것이다. 물론 하수에게도 깊은 뜻은 있었다. '황새가 붕새의 뜻을 어찌 알리' 그의 뜻은 물질과는 거리가 먼 형이상학적인 것이었다. 한 푼의 이익에 '존심'을 팔기보다 인간다운 품위를 지키는 일이 우선적 가치였다. 굳이 '밀당'을 동원해 자신의 뜻을 관철시킬 의사가 없었다.

대개는 보통사람의 대열에 합류해 흘러갔다. 소박한 안정과 행복이 한껏 그들의 목표였다. 나도 그중 한 사람이었다. '밀당'의 요령은 타고나지도 습득할 배짱도 없었다. 가끔은 주제넘은 욕망이 키를 넘어 속이 들볶였으나 그뿐이었다. 처세의 영민함도 붕새의 큰 뜻도 없이 묻어가는 삶은 우울했고 '존심'에 상처를 주었다. 마지못해 받아들인 운명론의 바탕에는 체념과 비겁함이 깔려 있었다. 허울은 번드레했으나 내면은 허약하기 그지없었다.

어느 날 라디오 방송을 듣다 한 음악 전문가의 말이 귀에 꽂혔다. 그는 싱코페이션(당김음)에 대한 이야기를 하고 있었다. 그것이 어떻게 선율에 감칠맛과 흥미를 더하는지에 대한 설명이었다. 이어 절묘한 타이밍의 조율과 강약 조절이 들어간 당김음 곡들을 들려주었다. '밀당'의 적절한 운용이 얼마나 리듬의 질감을 생동감 넘치고 풍요롭게 해주는지 실감했다.

결국 운용의 묘라는 걸 깨달았다. '밀당'이 쥐약이 되느냐 보약이 되느냐는 내가 대상을 어떻게 운용하느냐에 달린 문제였다. 물론 이를 위해선 대상에 대한 예리한 통찰과 자유로운 정신의 개방성이 요구될 것이었다. 살면서 겪었던

크고 작은 갈등의 근원도 알고 보면 내 안의 편협하고 완고한 경직성이 아니었을까. '밀당'은 분명 조율의 한 방편이고 게임의 규칙만 지킨다면 충분히 미학적일 수 있겠다는 생각이 들었다.

배우다 만 기타가 줄이 늘어진 채 방 한 구석에 놓여 있었다. '밀당'의 기교에 익숙지 못했던 내 삶의 은유처럼. 나는 기타 줄을 조이고 마음 내키는 대로 한바탕 튕겼다. 그리고 이름을 붙였다. '밀당'의 전주곡이라고.

어루만지다

 문이 조용히 꼭, 닫힌다. 문틈으로 새어나온 습한 바람이 가슴에 얹힌다. 나는 문고리를 어루만지며 방 안의 기척을 살핀다. 문 저쪽이 피안처럼 아득하다. 무심한 말 한마디에 처진 어깨를 보이며 안으로 숨어버린 그의 마음을 헤아린다.
 그는 책상 앞에 앉아 있을 것이다. 또 무언가를 끼적이고 있으리라. 그는 아직도 공책과 연필을 사용한다. 필경사처럼 공들여 글씨를 쓴다. 나는 그 느린 시간이 아깝다. 그가 써 놓은 내용들을 몰래 본 적이 있다. 역사 속 인물에 관한 가계도였다. 아주 세세한 면까지 꼼꼼하게 체크되어 있었다. 도대체 그 사람이 우리와 무슨 상관이란 말인가. 나는 오직 실용성을 잣대로 현실감 없고 실속 없는 메모에 냉소를 던졌다. 그 메모가, 그것을 끼적이던 시간이 그에게 어떤 의미인지는 묻지 않았다.

그의 하루 일과 중에 빠지지 않는 코스가 있다. 일정한 시간대에 텔레비전을 보는 것이다. 늘 앉던 자리, 소파 한 귀퉁이가 그의 지정석이다. 나는 그가 어떤 채널을 선택할 것인지 알고 있다. 하루도 어긋남 없이 아침 토크 프로에 이어 드라마를 연속 방영하는 채널에 시선을 고정시킨다. 돈과 권력을 놓고 벌어지는 노골적인 아귀다툼, 상대는 타인도 이웃도 아닌 가족들이다. 고상함에 품위를 잔뜩 갖춘 신사숙녀들이 벌이는 막장 드라마로 집안이 온통 시끄럽다.

드라마 삼매경에 빠진 그의 뒤통수에 대고 눈을 흘긴다. 백 가지가 넘는 채널 중에 하필 왜 드라마인가. 각종 다큐에 시사 경제, 인문학 등 교양프로그램이 얼마나 많은데. 극중 인물을 따라 그의 미간이 접혔다 펴졌다 한다. 갑자기 말울음 같은 웃음을 날리기도 하고 시무룩 눈물을 찍어내기도 한다. 보다 못해 남정네가 뭐하는 짓이냐고 퉁을 주면 넉살좋게 받아친다.

"인생 뭐 별거 있냐. 단순하고 솔직하게 사는 게 인간적이야. 고급지다고 별다를 거 없어."

내 속을 훤히 들여다본 듯한 말이다. 그는 복잡한 것을 끔찍하게 싫어한다. 나는 그의 단순함에 수없이 좌절했고 그는 나의 복잡함을 평생 불편해 하며 살았다. 참 고집스럽게도 싸웠다. 승자는 없었다. 남은 건 상처뿐. 난 '고급진' 남자와 한 번 살아보고 싶다. 그 이유의 절반이 허영일지라도. 그는 결코 같은 꿈을 꾸지 않을 것이다. 나를 통해 '고급짐'의 실체를 뼈저리게 경험했을 터이므로.

드라마로 120분을 너끈히 죽여 버린 그는 비스듬히 소파에 기대어 졸기 시작한다. 꿈을 꾸는지 덥수룩한 턱이 씰룩거린다. 벌어진 입 사이로 진작 투지를 접은 성근 이빨이 보인다. 한때는 사랑을 나누던 입, 이젠 아무도 유혹하지 않는 입, 세끼 밥이 드나드는 때 외엔 거의 열리지 않는 문이다. 이기적이고 까칠한 아내 때문에 무시로 혼자 삼켰을 말들. 고여서 썩은 뒤에야 나는 주섬주섬 유효기간이 지난 말들을 길어 올린다.

요즘은 걸려 오는 전화도 드문드문하다. 어쩌다 전화가 오면 목소리가 커진다. 과장된 웃음 속에 숨은 허기가 보인다. 그럭저럭 잘 지내고 있다는 빈 말, 이쪽도 그쪽도 내막을 훤히 아는 처지다. 전화를 끊은 그가 못내 아쉬운 표정으로 전화기를 들여다보고 있다. 나는 안다. 그가 기다린 말이 어떤 것인지를. "국수 비벼 먹읍시다." 국수는 그가 좋아하는 음식 중 하나다. 마음이 허기질 땐 뱃속이라도 든든히 채워줘야 한다.

퇴직 후 그는 밥 달라는 소리를 잘 하지 않는다. 알아서

챙겨 먹는다. 아니, 밥이 늦어지면 먼저 상을 차려놓고 나를 부른다. 손톱 밑이 아리도록 마늘을 까고, 멀쩡한 운동화도 내다 빤다. 생전 안 하던 짓이다. 일찌감치 '삼식이 시리즈'를 유념하고 있었던 걸까. 구부정하게 서서 덜그럭거리며 그릇을 부실 때 나는 갑자기 치솟는 갱년기 화덕증으로 부채질을 해댄다. '에고, 주변머리 없는 남자 같으니라고. 나 같으면 차라리 나가서 돈을 벌고 말겠네!' 입 밖으로 내뱉진 않았지만 그도 진작 눈치챘을 것이다.

나란히 잠자리에 눕는다. 대개는 한 사람이 먼저 잠들거나 나중 잠든다. 오늘은 내가 부러 시간을 맞춘다. 어둠 속에서 그의 손을 더듬어 잡는다. 움찔하는 기색이 역력하다. 손잡는 것도 새삼스러울 만큼 무심하게 지냈다. 빼려는 손을 꽉 잡고 놓지 않는다. 못이기는 체 잠잠하다. 삼십 년을 한 이불 덮고 잔 사람. 알뜰한 맹세를 다짐하던 봄날의 밤들은 다 어디로 가고 희끗한 귀밑머리 아래 쓸쓸한 정만 남았는가. 잡았던 손을 풀어 움츠린 등을 쓰다듬는다.

긴 노역을 끝내고 돌아와서도 짐을 내려놓지 못하는 그를 위해 내일은 좋아하는 매운탕을 끓이리라. 찰찰 넘치도록 술을 따르고 안주 삼아 노래도 한 자락 뽑아 젖히리라. 그래, 봄날은 가도 알뜰한 맹세는 유효하다고.

■ 연보

1959년 경기 파주 출생
1981년~1983년까지 황해출판사 근무
2006년 당진 나루문학 공모 〈칠순의 연애〉 당선
2006년 ≪수필과비평≫ 등단
2007년 인천일보 수필 연재
2009년 인천문화재단 창작지원금 수혜
2009년 제1수필집 ≪조르바의 춤≫ 발간
2011년 에세이스트 '2011대표에세이'에 〈암각화〉 선정
2011년 수필과비평작가회의 편집 부주간
2013년 에세이포레 편집위원
2013년 인천문화재단 창작지원금 수혜
2013년 제2수필집 ≪생생, 기척을 내다≫ 발간
2014년 올해의 당진문학인상 심사위원
2014년 한국문인협회 정보화위원 위촉
2015년 ≪평설로 읽는 대표수필≫에 〈밀당의 미학〉 선정
2015년 수필과비평작가회의 편집 주간
2015년 작품 〈숨어 울기 좋은 방〉으로 에세이포레 올해의 작품상
2015년 수필집 ≪생생, 기척을 내다≫로 황의순 문학상
2015년 작품 〈비밀번호〉로 ≪에세이문학≫ 20선 선정

2015년 인천문화재단 창작지원금 수혜
2015년 제3수필집 ≪비밀번호≫ 발간
2016년 작품 〈탁구공의 관전기〉로 ≪에세이문학≫ 20선 선정
2016년 작품 〈폭설〉로 에세이피아 작품상
2017년 작품 〈밥〉으로 ≪에세이문학≫ 20선 선정
2018년 수필집 ≪비밀번호≫로 에세이포레문학상
2018년 월간 ≪좋은수필≫ 편집장

현대수필가 100인선 II·73
노혜숙 수필선

인연수첩

초판인쇄 | 2018년 10월 15일
초판발행 | 2018년 10월 25일

지은이 | 노 혜 숙
펴낸이 | 서 정 환
펴낸곳 | 수필과비평사·좋은수필사

주 소 | 서울시 종로구 삼일대로 32길 36,
         (익선동 30-6)운현신화타워 305호
전 화 | 02)3675-5635, 063)275-4000
등 록 | 1984년 8월 17일 제28호
홈페이지 | http://www.shinapub.com
e-mail | essay321@hanmail.net

값 8,000원

ISBN 979-11-5933-178-7 04810
ISBN 979-11-85796-15-4 (세트) 04810

* 저자와 협의하여 인지는 생략합니다.
* 잘못된 책은 바꿔 드립니다.

이 도서의 국립중앙도서관 출판시도서목록(CIP)은 서지정보
유통지원시스템 홈페이지(http://seoji.nl.go.kr)와 국가자료
공동목록시스템(http://www.nl.go.kr/kolisnet)에서 이용하실
수 있습니다.(CIP제어번호: CIP2018033972)